Contraste insuffisant
NF Z 43-120-14

Illisibilité partielle

Valable pour tout ou partie
du document reproduit

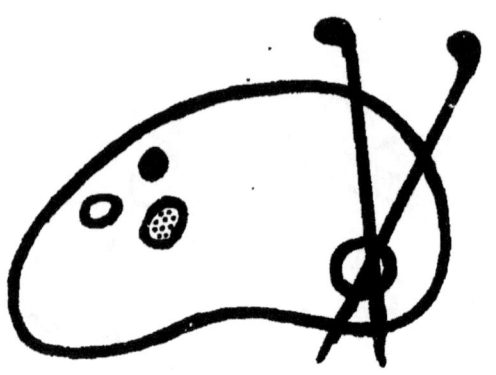

Original en couleur
NF Z 43-120-8

Extrait des *Annales de Bretagne*
Tome IV (1889).

HISTOIRE DE BRETAGNE — CRITIQUE DES SOURCES

# LE CARTULAIRE DE LANDEVENEC

Le Cartulaire de Landevenec, aujourd'hui pour la première fois publié dans son texte intégral par les soins de la Société archéologique du département du Finistère (1), est un des documents les plus importants de l'histoire de Bretagne : car la substance historique qu'on en peut tirer renferme à peu de chose près tout ce qu'on sait de la Cornouaille continentale avant le IX<sup>e</sup> siècle et fournit une partie essentielle des notions venues jusqu'à nous sur l'établissement des Bretons insulaires dans la péninsule armoricaine.

Matériellement — sans entrer ici dans une description technique qu'on trouvera ailleurs — ce manuscrit, qui provient (comme son nom le dit) de l'ancienne abbaye de Landevenec,

(1) La première livraison du *Cartulaire de Landevenec*, contenant le texte, les variantes et les notes sur le texte, vient d'être publiée (S'adresser au trésorier de la Société archéologique du Finistère, à Quimper). La seconde livraison — comprenant l'introduction, les éclaircissements, les appendices et les tables — paraîtra très prochainement.

située sur la rade de Brest, consiste en un volume petit in-folio de 164 feuillets de vélin, écriture du milieu du XI° siècle, et divisé — quant à son contenu — en deux parties de longueur fort inégale, savoir :

*Première partie,* — contenant les 140 premiers feuillets (moins le verso du f. 140), composée exclusivement de documents hagiographiques, presque tous relatifs au fondateur de l'abbaye de Landevenec, saint Gwennolé ou Uinualoë, — deux formes du même nom, celle-ci la forme primitive du VI° siècle, celle-là la forme actuelle, et que nous emploierons toutes deux indifféremment, dans les pages qui vont suivre, pour désigner ce personnage.

*Deuxième partie,* — contenant les 24 derniers feuillets et demi (de f. 140 v° à f. 164), entièrement composée d'une série de pièces qui, dans leur forme extérieure, offrent l'aspect de chartes et de notices, en un mot, de titres et de documents diplomatiques relatifs aux droits et aux possessions de l'abbaye de Landevenec.

Donc, partie *hagiographique,* 140 ff., — partie *diplomatique,* 24 ff. 1/2. Tout est en latin.

Entre ces deux parties, quant au fond, nulle connexité, nulle communauté d'origine. — La première a été composée au IX° siècle et contient tout ce qu'on savait alors des origines de l'abbaye et de l'état de la Cornouaille vers la fin du V° siècle et le commencement du VI°. — La seconde, sauf une demi-douzaine de pièces du X° siècle, est quant à sa rédaction toute du XI°, et n'émane nullement, quoi qu'on en ait dit, des mêmes sources que la première. Celle-ci, à nos yeux, a bien plus d'importance que la seconde, dont la valeur historique, quoique fort appréciable, est difficile à déterminer. Ce qu'il faut surtout retenir dès maintenant et ce qui sera nettement démontré, c'est qu'il n'y a nulle solidarité entre les deux parties du Cartulaire.

Cela dit, nous allons d'abord nous occuper de la première partie.

# PREMIÈRE PARTIE DU CARTULAIRE

## I

### Époque et autorité de la Vie de S. Uinualoë écrite par Wrdisten.

Cette première partie se compose des documents suivants :
1° *Vie de S. Uinualoë*, écrite avant l'an 884 par Wrdisten, abbé de Landevenec, et divisée en deux livres, précédés de prologue, préfaces, table des chapitres (*Cartulaire de Landevenec* édité par la Société archéologique du Finistère, pp. 1 à 102).
2° *Vie abrégée de S. Uinualoë en vers latins hexamètres* (pp. 103 à 119 dudit *Cartulaire*).
3° *Trois hymnes* en l'honneur de S. Uinualoë (pp. 120 à 128).
4° *Vie abrégée de S. Uinualoë en prose*, en forme d'homélie et de leçons pour l'office de la fête du saint (pp. 129 à 135).
4° *Vie de S. Idunet*, aussi appelé *S. Ethbin* (pp. 137 à 141).

L'une des trois hymnes a été composée par un moine de Landevenec appelé Clément, sous le règne de Salomon, roi de Bretagne, c'est-à-dire de 857 à 874 inclusivement. — On ignore l'auteur de la vie de S. Ethbin ou Idunet. Quant aux autres documents qu'on vient de nommer, ils sont (nous le montrerons) l'œuvre de l'abbé Wrdisten.

La date de leur composition est donnée dans la préface de la Vie de S. Paul Aurélien par le moine Wrmonoc, où on lit le passage suivant adressé à l'évêque de Léon :

« Hinworet, père très pieux, daignez accepter cette modeste Vie de votre saint Paul, où j'ai mis tous les efforts de mon petit génie, et veuillez lui donner place dans les fêtes de votre siège épiscopal. Grâces soient rendues à Dieu, qui m'a permis de mener cette œuvre à bonne fin. Si j'ai osé l'entreprendre, j'y ai été encouragé par l'exemple de mon maître Wrdisten qui, pour décrire les actes de Uinualoë, son patron et le mien, a construit un admirable ouvrage en plusieurs livres. C'est sous le gouvernement de cet abbé, c'est dans le monastère de ce saint que moi, prêtre et moine du nom de Wrmonoc, j'ai écrit le présent livre, achevé en l'an 884, et dont on vient de lire le prologue (1). »

La Vie de S. Uinualoë par Wrdisten a donc été écrite au plus tard vers 880. Uinualoë vivait plus de trois siècles avant cette date ; si Wrdisten n'a eu pour écrire sa Vie d'autre guide que la tradition orale, l'autorité historique de son œuvre ne devrait être acceptée que sous forte réserve : car bien que le souvenir traditionnel d'un personnage historique conservé au lieu où il a vécu ne soit pas assurément sans valeur, surtout s'il s'agit d'un fondateur religieux dont la postérité monastique a intérêt à perpétuer la mémoire, — il est d'expérience aussi que dans le cours de trois siècles, et souvent de beaucoup moins, la tradition orale ne manque guère d'amplifier, déformer et modifier plus ou moins la vérité historique, dont parfois il devient très difficile de retrouver sous cette surcharge les traits essentiels et primitifs. Voyons donc ce que Wrdisten nous dit des sources où il a puisé les éléments de son récit, de la façon dont il l'a composé. Voici d'abord le prologue en vers latins,

(1) « Pauperem ergo tui Pauli, piissime pater Hinworete, meæ parvitatis conamine descriptam accipe Vitam, sed a te inter festa episcopalis cathedræ convivia non negligendam... Gratias Deo, qui per me utcumque digestum tale opus ad finem perducere reddidit. Quod ut auderem, Wrdisteni mei præceptoris studium animavit, qui in Winwaloei sui sanctique mei describendis actibus mirabile librorum construxit opus. Sub quo abbate ego presbyter et monachus nomine Wrmonocus in ejusdem sancti monasterio depinxi tale opus.... Hoc autem opus, octingentesimo octogesimo quarto a₁ ₁₀ consummatum, talem habeat prologum » (*Vita S. Pauli Aureliani*, dans la *Revue celtique*, t. V, année 1883, pp. 417-418).

c'est-à-dire la préface générale de son œuvre, traduite aussi fidèlement que possible (1) :

« La Vie du saint et éminent père des moines Uinualoë se trouve ici disposée dans un ordre facile à suivre. A la prière unanime de nos frères, moi Wrdisten j'ai relu cette belle Vie et je m'applique à l'écrire sur les blanches pages de nos livres. Mon travail ajoute encore à son mérite. Pourtant, quiconque la voudra écrire de nouveau sur les documents anciens, je ne veux point l'empêcher de les consulter, je ne veux pas qu'on les détruise après m'en être servi moi-même. Mais aussi, que ce nouvel historien tienne compte de tout ce qui a été fait ; qu'il relise mon écrit sans négliger les autres ; qu'il marche entre ces deux voies, choisissant ici et là, vieux ou neuf, ce qui lui plaira davantage. Donc, je le prie de ne point décrier notre œuvre, de ne point la battre à coups redoublés avec le bélier de l'envie, car elle s'appuie sur l'autorité de nos devanciers (2).

» Je ne veux non plus forcer personne à la lire. Mais quiconque sait se contenter d'un frugal festin, je l'invite à notre modeste table. Quiconque veut voir les faits illustres bien établis, dégagés de toute fable, de toute tache, de toute grossièreté, qu'il vienne pieusement déguster notre vin nouveau. Sensible à ce présent, qu'il introduise les autres [dans notre œuvre] par une belle porte, et qu'il soit pour eux un guide habile. Car ces événements, que nos ancêtres avaient retracés sur une trame épaisse, brillent avec plus de clarté dans nos écrits.

---

(1) Quoique le sens de ce prologue soit très clair, il y a, dans le détail, pour quelques vers, des difficultés d'interprétation que nous examinerons plus tard dans nos *Éclaircissements*.

(2) Nous ne pouvons citer que quelques vers de ce prologue :

Vita brevis studii contexitur ordine sacri
Eximii patris monachorum Uinnualoei...
Quæ quamvis nostro defloreat aucta labore,
Hanc quicumque velit *veterum* rescribere *cartis*...,
Et nostrum relegat, sed et hæc non neglegat, atque
Inter utramque viam medius incessor, utrinque
Quæque sibi placita, an *vetera* novaque, eligat. Ergo
Non nostrum decarpat opus *munimine patrum*
*Suffultum*...

(*Cartul. Landev.*, ms. f. 3 r° et v°, édit. p. 1).

» Chantons donc, comme il est juste, la gloire du Christ qui nous a comblé de tels dons. Et puisse-t-il, en dilatant mon cœur, me prêter pour célébrer ses louanges illustres une langue magnifique, le Souverain qui trône dans les palais éthérés, le Maître toujours debout au plus haut sommet des cieux, le Roi dont la splendeur brille dans les astres merveilleux ! »

A la suite de la table des chapitres et avant d'entrer dans le premier livre de son œuvre, Wrdisten indique ainsi ses autorités :

« Outre ce que nous avons puisé aux sources de la sainte Écriture, et *ce que nous avons extrait de la base solide de l'histoire sacrée des gestes de notre saint*, les auteurs dont nous appuyons notre discours dans les livres qui suivent, sont · Augustin, Cassiodore, Isidore, Grégoire pape romain, Jean de Constantinople, les réponses de l'abbé Pymen à l'abbé Joseph, et quelques autres encore, dont nous indiquerons, là où il y a lieu, les noms sur les marges (1). »

Ici et dans son prologue, en ce qui touche l'histoire de Uinualoë, Wrdisten se réfère uniquement à des sources écrites, *veterum cartæ, historia gestorum predicti sancti*. Dans la note ou petite préface qui forme la transition du premier au second livre de son œuvre, il parle un peu autrement :

« Jusqu'ici (dit-il), dans ce premier livre, nous avons de notre mieux mis en lumière quelques-uns des miracles de la tendre jeunesse de Uinualoë, recueillis par nous dans les *écrits* anciens ou dans les *récits* de nos vénérables devanciers. Au livre qui va suivre, en continuant notre œuvre, nous ferons connaître à qui les ignore les saintes actions accomplies par lui dans un âge plus

---

(1) « Auctores vero quibus nostram in istis libellulis supplevimus sententiolam, excepto quod sacræ nosmetipsi Scripturæ fontibus haurire potuimus, *et quod sacræ hujus firma hystoriæ predicti sancti gestorum radice contraximus*, hi sunt : Augustinus, Cassiodorus, Isiodorus, Gregorius papa romanus, Johannes Constantinopolitanus, Pymen abba ab Joseph abbate interrogatus, etsi qui alii sunt, quorum quidem nomina singulorum e regione sententiæ in marginibus subnotare curabimus » (*Cartul. Landev.*, ms. f. 8, édit. p. 6).

robuste, et que nous ont apprises, par leurs *écrits* ou par leurs *récits*, des gens bien informés (1). »

Ici Wrdisten assigne à ses narrations sur Gwennolé une double source : d'une part, des écrits anciens (*antiqua scripta*), de l'autre, la tradition orale (*relatus, relatio majorum*). Une dernière citation nous édifiera sur la véracité de Wrdisten. Après avoir raconté que Uinualoë passa trois ans dans un îlot de la rade de Brest avant de fonder le monastère de Landevenec, il conclut ainsi :

« Si le saint fit en cette île quelques miracles, on n'en trouve rien *dans les monuments que nous ont laissés nos pères* de digne et vénérable mémoire. Car tout ce que nous rencontrons de *certain*, de *constant*, *d'irréprochable, soit dans leurs récits, soit dans leurs livres*, nous aurons toujours grand soin de le consigner ici (2). »

Ces *monumenta patrum venerabilium*, ces *antiqua scripta*, *veterum cartæ*, c'est justement ce que l'auteur appelle, dans un des passages cités plus haut, *sacra historia gestorum sancti Uinualoei*. Il y avait donc à Landevenec, au IX⁰ siècle, une Vie *écrite* de S. Uinualoë, beaucoup plus ancienne et regardée sans aucun doute comme contemporaine du saint, puisque Wrdisten, qui ne veut rien admettre que de certain, de constant, d'irréprochable, proclame cette *Historia gestorum Uinualoei* comme la base solide (*firma radix*) de sa propre narration.

Il use aussi, il est vrai, de la tradition orale : malgré les

---

(1) « Hactenus in isto libello pauca de plurimis quæ in teneriori quidem ætate (Uinualoeus) peregerit signis, *sive ex antiquis recolligentes scriptis, sive ex majorum relatione venerabilium*, dictis elucidare prout potuimus curavimus. Hæc autem, quæ de beatissimis ejusdem actibus, quos jam robustior ætate et merito perfecerit, *a bene scientibus discentes, sive ex scriptis sive relatu cognoscimus*, aliis adhuc non plane scientibus depromere... in subsequenti codice prosequemur » (*Cartul. Landev.*, ms. f. 60 v⁰, édit. p. 52, l. 12).

(2) « Si quas autem ibi peregerit virtutes, *in patrum* dignæ memoriæ venerabilium *monimentis* non repperimus. Quod autem *firme* et *inreprehensibiliter*, *sive relatu, sive exemplaribus*, pro certo exanclamus, illud procul dubio intimare curabimus » (*Cartul. Landev.*, ms. f. 70 v⁰, édit. p. 62).

précautions prises par lui pour ne rien admettre que « de certain, de solide et d'irréprochable (*firme, pro certo, inreprehensibiliter*), cette source reste évidemment moins sûre que l'autre; et l'auteur n'ayant pas distingué ce qui dans son œuvre vient de l'une ou de l'autre origine, cette circonstance tendrait à en infirmer, à en diminuer partout l'autorité, si l'on ne trouvait pas moyen d'établir cette distinction négligée par l'auteur.

Cela ne semble pas impossible. Du VI<sup>e</sup> au IX<sup>e</sup> siècle, l'opinion populaire dans le pays de Landevenec, la tradition orale dans ce monastère n'ont pu avoir qu'une seule préoccupation : exalter et amplifier la gloire du saint fondateur, patron et père non seulement de l'abbaye, mais de toute la région. A cette époque, la gloire d'un saint se mesurant surtout à ses miracles, c'est en ce sens évidemment que dut travailler, se développer la tradition orale, et l'on peut, sans jugement téméraire, admettre qu'elle amplifia plus d'une fois la puissance surnaturelle de Gwennolé : qu'on voie, entre autres, la merveilleuse guérison de l'œil de sainte Clervie (1). — Quant aux faits plus simples, plus prosaïques, d'ordre purement naturel et historique, liés à la vie du saint, comme ils étaient d'habitude beaucoup moins propres que les faits surnaturels à illustrer son nom, l'opinion populaire n'en avait cure; souvent elle ne les connaissait pas et en laissait périr la mémoire. En tous cas, la tradition orale n'étant nullement incitée à s'en occuper, ne songeait même pas à les modifier : ou elle les oubliait, ou elle les laissait tels quels.

Or, ce sont avant tout les faits de ce genre que nous recherchons dans les anciens documents hagiographiques relatifs à la Bretagne, spécialement dans la *Vie de S. Uinualoë*; ce que nous en voulons extraire, c'est la substance historique. Appliquant à l'œuvre de Wrdisten ce qui vient d'être dit, nous sommes

---

(1) Sœur de S. Uinualoë ; voir *Vita S. Winwaloei*, lib. 1, cap. xiv, dans *Cartul. Landev.*, ms. ff. 37 à 40, édit. pp. 31 à 34. La forme primitive du nom est Chreirbie.

en droit de conclure que les données historiques d'ordre naturel contenues dans cette œuvre doivent dériver, non de la tradition orale, mais des sources écrites, et sont dès lors, quant au fond, quant à leurs traits essentiels, dignes de toute confiance.

## II

### Chronologie de la vie de S. Uinualoë.

#### A — Les émigrations bretonnes selon Wrdisten.

Le premier chapitre de l'œuvre de Wrdisten révèle en cet auteur un sens historique assez rare chez les hagiographes de ce siècle ; pour l'histoire des origines brito-armoricaines ce chapitre est un morceau important, en voici la traduction :

« L'île de Bretagne, d'où notre race, comme on le dit communément, tire son origine (1), — cette île célèbre par ses beaux sites, par les murs, les tours, les grands édifices qui la décoraient jadis, avait aussi, on l'assure, grande abondance de biens, au point d'en regorger plus que toutes les contrées voisines : très fertile surtout en froment, en miel et en lait, mais entièrement privée de vin parce que Bacchus, glacé par l'haleine trop rude de l'aquilon, a horreur du froid.

» Cette Bretagne donc, repue de tant de biens, grandit d'abord comme une plante en la saison des fleurs. Mais bientôt, de même qu'une moisson exempte de la gelée enfante mille méchants insectes qui rongent les biens de la terre, ainsi cette île, couverte d'ivraie, engendra une race de tyrans pire que la peste.

» A la fécondité native de son sol les fleuves de Saverne et de Tamise, coulant à travers les plaines et pour plus de commodité ramifiés [en plusieurs branches], ajoutaient de nouvelles ressources. Mais tout ce pays abusant de sa prospérité, l'abondance des biens devint pour lui une cause de maux. Par suite de cette abondance,

---

(1) « Britannia insula, *de qua stirpis nostræ origo* olim, *ut vulgo fertur, processit* » (*Vita S. Uinual.*, lib. I. cap. I, ms. f. 9, édit. p. 7).

la luxure et les passions honteuses, les idolâtries, les sacrilèges, les vols, les adultères, les parjures, les meurtres et toutes les sortes de vices auxquels est sujette l'humanité, grandirent à l'envi.

» Sur ces antiques forfaits je n'insisterai point : qui les veut connaître à fond doit lire saint Gildas (1). La situation de l'île de Bretagne et ses habitants, sa merveilleuse conversion au Christ, son apostasie quasi païenne, la tragique vengeance qu'en tira Dieu, puis sa miséricorde qui garda ce pays d'être complètement réduit en cendre et en poussière, — Gildas, en retraçant tout cela, apprécie d'une façon irréprochable les actes de la nation bretonne.

» Cette antique patrie des Cyclopes, devenue, dit-on, la nourrice des tyrans, goûta bien rarement le repos, sans cesse en butte aux fléaux divins provoqués par ses crimes : tantôt les irruptions redoublées de l'ennemi, tantôt les commotions intestines des citoyens, tantôt la famine, la peste, le glaive, les plus cruelles maladies.

» Elle avait, je crois, les mêmes mœurs (ou peu s'en faut) que la Bretagne insulaire, sa fille faible alors qui jadis fut dans des barques apportée sur nos bords en deçà de l'océan Britannique, au temps même où le territoire de sa mère tomba en la possession de la race saxonne, connue par sa barbarie, redoutable par ses exploits et ses mœurs farouches. Venue de là accablée de fatigue, cette fille chérie s'enferma dans cet asile, où se voyant en sûreté elle s'établit tranquille et sans guerre sur le rivage (2).

» Dans le même temps (*Interea*) une peste affreuse ayant éclaté [dans l'île], les malheureux demeurés sur le sol paternel tombent par masses innombrables et leurs misérables corps gisent sans sépulture : ce fléau désole la plus grande partie de l'ancien pays des Bretons (3). Enfin, un petit nombre d'entre eux, un très petit

---

(1) Il s'agit ici du traité de Gildas connu sous le nom de *De excidio Britanniæ*, et spécialement, ce semble, de l'*Historia*, qui en forme la première partie.

(2) « Sed longe ab hujus (Britanniæ insulæ) moribus parvam distasse *sobolem suam* non opinor, *quæ quondam ratibus ad istam devecta est, citra mare Britannicum, terram, tempore non alio quo gens* — barbara dudum, aspera jam armis, moribus indiscreta — *Saxonum maternum possedit cespitem*. Hinc se cara soboles in istum conclusit sinum, quo se tuta loco, magnis laboribus fessa, ad oram concessit sine bello quieta » (*Cartul. Landev.*, ms. ff. 10 v° et 11 r°; édit. pp. 8 et 182-183).

(3) « Antiqua patria » (*Ibid.*).

nombre, échappés non sans peine à ce double désastre et douloureusement contraints de quitter le sol natal pour chercher un refuge à l'étranger, passèrent les uns aux pays des Scots, qui cependant étaient leurs ennemis, et les autres en Belgique (1). »

Points importants à noter :

1º D'abord, la grande estime que l'hagiographe fait de Gildas, le soin avec lequel il a étudié son livre. Cela donne bonne opinion du sens historique de Wrdisten. Il ne se contentait pas de l'étudier, il en recommandait l'étude autour de lui, et Gildas était alors en grand honneur dans l'abbaye de Landevenec : à preuve l'éloge qu'en fait dans sa *Vie de S. Paul Aurélien* un autre moine de ce monastère, Wrmonoc (2).

2º Sur l'origine de la population qui occupait au IXᵉ siècle la péninsule armoricaine (sauf les pays de Rennes et Nantes), Wrdisten n'a aucune hésitation : elle est la fille, la progéniture (*soboles*) des Bretons insulaires ; ce n'est pas là une opinion individuelle, c'est celle de tout le monde : *ut vulgo refertur.* D'où il faut conclure, non seulement la prépondérance numérique considérable des Bretons émigrés vis-à-vis des Armoricains, mais au IXᵉ siècle tout au moins, la complète absorption de ceux-ci par ceux-là, l'entière fusion des deux races.

3º Sur la cause qui poussa de l'île de Bretagne en Armorique cette « progéniture » des Bretons insulaires, Wrdisten est encore très précis : cette cause, c'est l'invasion de la mère-patrie, de l'île de Bretagne, par les Saxons : *Tempore non alio quo gens barbara Saxonum maternum* (Britanniæ insulæ) *possedit cespitem.*

Nulle mention, pas même vague ou allusive, à quelque éta-

---

(1) « Tandemque pauci et multo pauci, qui vix ancipitem effugissent gladium, aut Scoticam quamvis inimicam, aut Belgicam, natalem autem propriam linquentes, coacti acriter alienam petivere terram » (*Cartul. Landev.*, ibid.). *Ancipitem gladium*, c'est évidemment les deux fléaux simultanés mentionnés par l'auteur : l'invasion saxonne et la peste.

(2) Voir Wrmonoc, *Vita S. Pauli Aurel.*, lib. I, cap. III, dans la *Revue Celtique*, t. V, p. 421.

blissement antérieur, à une conquête quelconque de l'Armorique par les Bretons du tyran Maxime (383). Pourtant cette fable circulait déjà dans la Grande-Bretagne; depuis un demi-siècle elle était consignée dans l'*Historia Britonum* du faux Gildas (1), dit aujourd'hui plus communément, sinon plus légitimement, Nennius. Mais elle restait ignorée en Armorique; ou si elle y était connue, elle était méprisée, rejetée : Wrdisten, certainement un des érudits de ce temps les plus versés dans l'histoire de Bretagne, non seulement la repousse, mais l'omet absolument.

4° Quant à l'époque assignée par Wrdisten au passage des Bretons insulaires en Armorique, elle résulte du texte qu'on vient de rappeler : *Tempore non alio quo gens barbara Saxonum maternum possedit cespitem.* L'invasion saxonne en Grande-Bretagne et l'émigration bretonne en Armorique étant entre elles, aux yeux de Wrdisten, dans les rapports de cause et d'effet, la conséquence naturelle, c'est que, dans l'opinion de notre auteur, le début de l'émigration suivit de très près celui de l'invasion et dut être déterminé par ces terribles ravages promenés dans toute l'île, d'une mer à l'autre, dès l'ouverture de la lutte, par les envahisseurs, et dont Gildas a tracé une peinture si effrayante (2). Cela donne une date un peu postérieure au milieu du V⁰ siècle; tout à l'heure nous essayerons de préciser un peu plus.

Peut-être dira-t-on : La conquête de la Bretagne par les Anglo-Saxons avant de s'achever a duré longtemps, un peu plus d'un siècle : rien ne prouve donc que Wrdisten, tout en voyant dans cette invasion la cause de l'émigration bretonne, ait entendu faire partir du début de l'invasion le début de l'émigration et placer celui-ci dans le V⁰ siècle. — Mauvaise

(1) L'*Historia Britonum*, version primitive, fut écrite en 822 ou 823.
(2) « Confovebatur de mari usque ad mare ignis orientalis sacrilegorum (Saxonum) manu exaggeratus, et finitimas quasque civitates agrosque populans: qui non quievit accensus, donec cunctam pene exurens insulæ (Britanniæ) superficiem, rubra occidentalem trucique Oceanum lingua delamberet » (Gildas, *Historia*, cap. XXIV).

chicane, qui ne tient pas devant la comparaison du texte de Wrdisten et de l'*Historia* de Gildas. Wrdisten, nous l'avons vu, montre les Bretons insulaires contraints de fuir devant les ravages *simultanés* d'un double fléau (*ancipitem gladium*) : les Saxons qui prennent possession de la terre bretonne — et la peste. Dans Gildas, l'arrivée des Saxons en Bretagne, début de leur invasion et de leur prise de possession, coïncide pareillement avec une peste affreuse (1). Gildas, il est vrai, parle de cette peste avant de parler des Saxons, — Wrdisten, après en avoir parlé. Mais celui-ci établit nettement la coexistence des deux fléaux, et le récit de Gildas implique logiquement la continuation de la peste après l'entrée des Saxons dans l'île (2). Que Wrdisten ait d'ailleurs ici en vue la même peste mentionnée par Gildas au § xxi de son *Historia*, cela n'est pas douteux : il copie pour la décrire le seul trait caractéristique noté par Gildas, il copie pour la nommer les expressions de Gildas (3).

La mention de cette peste dans Wrdisten prouve donc — d'abondant — avec certitude qu'il parle ici du début de l'invasion saxonne en Grande-Bretagne, qu'il donne par conséquent ce début même pour cause à celui des émigrations bretonnes en Armorique, que dès lors il entend placer — avec Gildas — le commencement de ces émigrations dans la seconde moitié du V° siècle.

5° Sur la cause et sur la date des émigrations bretonnes

---

(1) Voir Gildas, *Historia*, cap. xxi : *De famosa peste*.
(2) Au chap. xx de l'*Historia*, Gildas mentionne une rumeur répandue dans l'île de Bretagne, annonçant une incursion imminente des Scots et des Pictes. Au chap. xxi, il signale l'apparition de la peste, et immédiatement, sans transition, on voit aux chap. xxii-xxiii les Bretons accepter l'aide des Saxons contre cette incursion scoto-pictique annoncée, mais qui ne s'était pas encore réalisée. Si les Bretons croient avoir besoin d'un tel secours, c'est évidemment en raison de l'état de faiblesse où les met la continuation de la peste.
(3) « Pestifera *lues* populo incubuit... *tantam* ejus *multitudinem sternit* quantam *ne possent vivi humare* » (Gild., *Hist.*, xxi). — « *Absque numero* et *absque sepultura* miseranda *sternuntur corpora*. Ex hac *lue* desolatur patria » (Wrdist., *Vita S. Uinual.*, lib. I, cap. I; *Cartul. Landev.*, ms. f. 11, édit. p. 8).

Wrdisten suit donc fidèlement Gildas, mais il ajoute certaines circonstances qui ne sont pas sans intérêt.

Gildas n'a pas dit en quels pays se réfugièrent les émigrants de l'île de Bretagne, mais seulement que c'était outre mer (*transmarinas petebant regiones*). Wrdisten nomme trois de ces pays : d'abord celui qu'il habite lui-même (*istam terram*), c'est-à-dire la péninsule armoricaine, puis l'Irlande (*Scoticam terram*) et le nord-est de la Gaule (*Belgicam*). Mais il est loin de donner la même importance aux émigrations dirigées sur ces trois points : en Belgique, en Irlande il ne va d'émigrés qu'un petit nombre, un tout petit nombre : *pauci et multo pauci*. En Armorique il en va beaucoup, puisque les colonies qu'ils y fondent méritent d'être appelées « la progéniture chérie de l'île de Bretagne, » et deviennent bientôt une nation qui remplit la péninsule armoricaine : *stirpis nostræ origo*, dit Wrdisten. Ailleurs vont s'égarer çà et là quelques isolés, quelques fantaisistes ; vers cette péninsule se dirige le grand courant de l'émigration bretonne, laquelle s'y établit tranquillement sans guerre, sans lutte, au bord de la mer : *ad oram sine bello quieta*.

Ces diverses circonstances ajoutées par Wrdisten lui viennent évidemment de la Vie primitive de Uinualoë, de l'antique document désigné par lui sous le nom d'*Historia gestorum S. Uinualoei*.

## III

**B — Émigration de la famille de Uinualoë en Armorique.**

La dernière phrase du premier chapitre de Wrdisten a pour objet de signaler ces fantaisistes (*pauci et multo pauci*) qui, au lieu de suivre le grand courant de l'émigration bretonne, allaient porter leurs pénates en Irlande ou en Belgique. Un manuscrit abrégé de la Vie de S. Uinualoë, écrit au XIIIe siècle, provenant de la célèbre bibliothèque Cottonienne et retrouvé récemment

en Angleterre, ouvre le second chapitre de cette Vie ainsi :
« *Inter hos autem fuit vir quidam illustris nomine Fracanus* (1). » Ce qui veut dire que Fracan, le père de S. Uinualoë, eût été du nombre des fantaisistes qui émigrèrent en Belgique ou en Irlande : assertion démentie absolument par la suite du même chapitre, où on voit Fracan aborder à Bréhec, dans la baie actuelle de Saint-Brieuc, puis s'installer sur les rives du Gouët qui tombe dans cette même baie, c'est-à-dire s'établir sur la côte nord de la péninsule armoricaine. Cette mauvaise leçon (*Inter hos*), peu propre à recommander le manuscrit Cottonien, ne se trouve point dans ceux du XIe siècle : le Cartulaire de Landevenec et le manuscrit latin 5610 A de la Bibliothèque Nationale portent *Inter hæc*, expression qui établit seulement un synchronisme entre ce qui vient d'être raconté à la fin du premier chapitre et ce qui va l'être dans le second, c'est-à-dire entre le début de l'émigration bretonne en général et l'émigration particulière de Fracan. Voici au reste la traduction complète de ce chapitre :

« A la même époque (*Inter hæc*), il y eut un homme illustre du nom de Fracan, qui était cousin d'un roi breton, héros fameux selon le monde et appelé Catoui (2). Espoir d'une race bienheureuse, Fracan portait dans ses reins une semence sacrée, comme autrefois Abraham, auquel il fut ordonné de quitter famille et patrie pour que Dieu lui donnât un rejeton dans lequel devaient être bénies toutes les familles de la terre. Le pays du roi Catoui, qui avait pris son nom de celui de ce prince (3), était devenu le théâtre de tant de sacrilèges, de tant

---

(1) Voir *Analecta Bollandiana*, t. VII, p. 176.

(2) « Inter hæc autem fuit vir quidam illustris nomine Fracanus, Catouii regis Britannici, viri secundum seculum famosissimi, consobrinus » (*Cartul. Landev.*, ms. fo 11 vo, édit. p. 9).

(3) « Cujus cum etiam predicti regis (Catouii) terra nomine dicta... morbo olido confecta per totum pene fuisset... » (*Vita S. Uinual.*, I, 2, dans *Cartul. Landev.*, ms. fo 11 vo, édit. p. 9). Le commencement de cette phrase doit se construire ainsi : « Cùm terra predicti regis, dicta nomine cujus (*pour* ejus), » etc. Ce qui veut dire que Catoui avait donné son nom à son petit royaume, qui se serait appelé, par exemple, *Bro-Catoui* (*Patria Catouii*) ou de quelque nom

d'unions honteuses, de tant d'orgies illicites et de fornications proscrites par Dieu, que rarement a-t-on ouï parler de tels crimes, même chez les païens. Aussi ce pays fut-il presque entièrement détruit par une maladie hideuse accompagnée de puanteur et d'infection purulente : mal qui suivit sur le continent la fille encore tendre de la mère-patrie [bretonne].

» C'est alors que Fracan, avec ses agneaux, c'est-à-dire ses deux fils Weithnoc et Jacut, et avec leur mère Alba (1), dite Aux-Trois-Mamelles, parce qu'elle eut trois fils et que l'on ne compte pas les filles d'ordinaire dans les généalogies, — c'est alors donc que Fracan, s'embarquant avec une suite peu nombreuse, traversa l'océan Britannique et vint aborder en Armorique, terre chargée d'ombrages et exempte de tout fléau, où il savait devoir trouver la paix et le silence. Quand un vent doux du nord-ouest le fit atterrir au port de Brahec, il était environ onze heures. Parcourant aussitôt tous les environs, il découvrit un canton passablement étendu, assez grand pour y établir un *plou*, tout cerné de bois et de halliers, aujourd'hui encore nommé de son nom et fécondé par les eaux d'une rivière appelée *Sanguis* : se croyant là à l'abri des maladies contagieuses, entouré de tous les siens, Fracan y fixa son habitation (2). »

---

analogue, et n'a laissé nulle trace dans les documents historiques venus jusqu'à nous; mais des petits royaumes bretons du V⁰ siècle, combien n'y en a-t-il pas dans le même cas? — Le savant président des Bollandistes, le R. P. de Smedt, en publiant dans les *Analecta Bollandiana* (t. VII, p. 176) la Vie de S. Gwennolé, a imprimé, dans ce passage, « terra *Nomniæ* dicta, » au lieu de « terra *nomine* dicta, » et il dit en note : « *Nomniæ* = *Domnoniæ*, in parte meridionali Britanniæ majoris. » Nous ne croyons pas qu'on puisse voir *Domnonia* dans *Nomnia*, car, étymologiquement la première syllabe *Domn* est la plus caractéristique de ce nom. De plus la leçon *Nomniæ* n'existe dans aucun manuscrit. Le Cartulaire de Landevenec donne très nettement « *nomine*, » et le manuscrit latin 5610 A porte « *nom ne*, » avec un *i* abréviatif au-dessus de l'*n* de *ne*, notation énigmatique, venant sans doute d'une mauvaise lecture de l'original, mais qui n'est point *Nomniæ* et ne ressemble nullement à *Domnoniæ*.

(1) *Uen, Wen, Gwen* ou *Guen*, en breton.

(2) « Iste igitur (Fracanus) cum... geminis natis Uueithnoco Jacoboque vocatis parenteque eorum Alba nomine... Armoricam, ubi tunc opacum sine clade audiebatur siluisse terræ spatium, rate conscensa aggreditur, enatato cum paucis ponto Britannico, tellurem, Circio lenitum flante delatus *in portum qui Brahecus* dicitur. In qua... fundum quemdam reperiens non parvum, sed quasi unius *plebis* modulum, modo jam ab inventore nuncupatum... fretus cum suis inhabitare cœpit, securus a morbis » (*Cartul. Landev.*, ms. f⁰ 13, édit. pp. 9 et 10).

Dans le premier chapitre de son œuvre, Wrdisten — nous l'avons vu — d'accord avec Gildas, montre l'émigration bretonne prenant cours au Ve siècle, sous le coup de l'invasion saxonne et des terribles désastres dont elle frappa dès le principe l'île de Bretagne, et de plus — ce que Gildas ne dit point explicitement — Wrdisten montre cette émigration dirigeant son grand courant vers la péninsule armoricaine.

Ici, dans son second chapitre, il ajoute : « Au cours de ces
» événements (*Inter hæc*), » ou, comme nous avons traduit plus haut : « *A la même époque,* Fracan, cousin d'un des rois de l'île
» de Bretagne, s'étant embarqué avec sa famille, aborda en
» Armorique au port de Brahec. »

Ainsi, d'après Wrdisten, le passage de Fracan en Armorique est positivement contemporain de l'émigration plus générale relatée par cet auteur dans son premier chapitre, à laquelle il donne pour cause l'explosion en Grande-Bretegne de l'invasion saxonne et les divers fléaux qui l'accompagnèrent. La chronologie de l'invasion saxonne à ses débuts doit donc fournir le moyen de déterminer l'époque initiale de l'émigration causée par elle, et aussi par suite, la date approximative du passage de Fracan en Armorique.

Le premier établissement des Saxons en Grande-Bretagne (1), consenti par les Bretons en prix du secours promis contre les Pictes et les Scots, mais ensuite et avec juste raison considéré comme le début véritable de l'invasion saxonne, — ce premier établissement est placé par Bède (2) en l'an 449 ou 450. — Date très concordante avec Gildas, qui mentionne une ambassade des Bretons à Aétius sous le troisième consulat de ce grand homme, c'est-à-dire en 446, puis, entre cette ambassade et le premier

---

(1) Dans l'île de Thanet, sur la côte du pays de Kent.
(2) « Anno ab Inc. Domini 449, Marcianus cum Valentiniano regnum adeptus est. Tunc Anglorum sive Saxonum gens in Britanniam advehitur » (*Beda, Hist. eccl. Angl.*, lib. I, cap. xv). Mais Marcien n'ayant été proclamé empereur que le 24 ou 25 août 450, il en résulte d'après Bède lui-même, que la date de 450 est préférable.

établissement des Saxons, une série d'événements capables au plus de remplir trois ou quatre ans (1).

Les Saxons gardèrent pendant quelques années la paix avec les Bretons, accrurent leurs forces, se plurent à les exercer et à prendre connaissance de l'île en bataillant çà et là contre les Scots et les Pictes ; puis, quand il se crurent capables de remplacer ces barbares dans leur rôle d'envahisseurs, ils se jetèrent à leur tour sur les Bretons.

Le premier combat entre Bretons et Saxons, mentionné dans l'*Anglo-Saxon Chronicle* — véridique mémorial de cette grande lutte, — c'est la bataille d'Ailesford livrée en 455, où les Bretons semblent avoir eu l'avantage, puisqu'un des deux rois Saxons y fut tué (2). Mais deux ans après (457), à Crayford, les Bretons furent complètement défaits et mis en déroute (3), et c'est à partir de ce moment que les envahisseurs purent mettre l'île en coupe réglée — ou plutôt déréglée — au moyen de ces terribles razzias si énergiquement peintes par Gildas (*Histor.*, cap. XXIV).

C'est alors aussi, ou peu après, que l'émigration des Bretons insulaires dut commencer et prendre son cours vers l'Armorique. Voyez la coïncidence des documents : en voici un, trouvé sur le continent, qui atteste, quatre ans plus tard, dans la troisième Lyonnaise, l'existence d'un groupe d'émigrés bretons assez important pour avoir un clergé et un évêque ; et ce document, c'est le nom de cet évêque — *Mansuetus episcopus*

---

(1) Gildas, *Historia*, chap. XVII à XXII, édit. Gale et Petrie ; §§ 20, 21, 22, édit. Stevenson.

(2) « An. CCCCLV. Hoc anno, Hengestus et Horsa (duces Saxonum) præliati sunt cum Vortigerno rege (Britonum) in loco qui appellatur Egelesford (*var.* Egelesthrep), et frater ejus Horsa occisus est » (*Chronicon Saxonicum*, édit. et trad. lat. de Gibson, Oxford, 1692, in-4º, p. 13 ; cf. *Anglo-Saxon Chronicle* dans *Monumenta historica Britannica*, p. 299).

(3) « An. CCCCLVII. Hoc anno, Hengestus et Æsca (filius ejus) depugnabant contra Britannos in loco qui dicitur Creccanford, et ibi interfecerunt quatuor viros (*i. e.* duces, *var.* quatuor millia virorum), atque Britanni deinde cedebant Cantio, ac cum magno timore confugerunt Londinium » (*Chron. Sax.*, édit. Gibson, *ibid.*; cf. *Anglo-Saxon Chronicle*, *ibid.*).

*Britannorum* (1) — souscrit au pied des actes du concile de Tours de 461. L'émigration avait donc dû commencer au moins l'année précédente, et dès lors on est fondé à placer vers 460-465 le passage de Fracan en Armorique.

Quant au lieu où aborda Fracan, jusqu'à la publication de la *Biographie bretonne* en 1852, on avait toujours désigné l'île de Bréhat. Au tome Ier de cet ouvrage (p. 545, note) je remarquai que « *in portum Brahecus* » est beaucoup mieux traduit par « *port* ou anse de Bréhec » que par « *île* de Bréhat, » d'autant que la flexion de Brahec en Bréhec est parfaitement naturelle et régulière, et que la situation convient très bien. Bréhec est une jolie anse sur la côte occidentale de la baie de Saint-Brieuc, d'une ouverture de 1,500 mètres environ, fermée par les pointes dites de Bréhec (au nord) et de la Tour (au sud), entre lesquelles elle développe — à 1,500 mètres dans l'est du clocher de Lanloup, mais sur le littoral de la commune de Plouha — une grève de sable fin d'un facile abordage, constellée de schistes arborisés aux dessins bruns, noirs, verts, roses, de l'aspect le plus varié (2). Depuis l'article de la *Biographie bretonne*, tous les auteurs, ou à peu près, qui ont touché à ce sujet, ont adopté Bréhec. A l'appui de cette opinion, j'ajouterai qu'aujourd'hui nous avons un texte ancien (du XIIe siècle) donnant le nom de Bréhat, et la forme de ce nom — *insula Brihiat* (3) — s'éloigne tout à fait de *Brahecus*. Étant donné le lieu où Fracan s'établit (Ploufragan), le débar-

---

(1) Sirmond, *Concil. gall.*, I, 126.

(2) Voir, sur Bréhec, Habasque, *Notions sur le littoral des Côtes-du-Nord* (1832), I, pp. 253, note 1; 266, note 1, et 268; — Jollivet, *Les Côtes-du-Nord* (1854), I, p. 354; — Gaultier du Mottay, *Géographie des Côtes-du-Nord* (1862), pp. 249-250.

(3) Don de l'église de Lanleff et de diverses terres en Châtelaudren, Plouagat, Bréhat, à l'abbaye de Saint-Magloire de Lehon, en 1148 : charte publiée (d'après la copie des Blancs-Manteaux, vol. 36, pp. 105-106) dans la *Revue de Bretagne et de Vendée*, année 1863, 1er semestre, p. 469. Cette pièce a été réimprimée en 1864 par M. Geslin de Bourgogne dans les *Anciens évêchés de Bretagne* (t. IV, p. 358), mais peu exactement.

quement à Bréhec est aussi plus naturel, parce qu'il s'opère sur le continent et à une moindre distance.

On a proposé, il est vrai, un autre point qui serait encore plus proche. Dans un ouvrage intitulé *Les Côtes-du-Nord*, publié en 1854, on dit : « Sans combattre précisément l'opinion qui » fait aborder Fracan à l'*île de Bréhat*, il n'est pas sans » intérêt de faire remarquer qu'il existe, entre Hillion et » Cesson, un *ruisseau* du nom de *Bréhat* qui se jette dans » la mer : circonstance qu'ignoraient les écrivains qui nous ont » précédé, et qui pourrait bien avoir été pour eux l'occasion » d'une erreur (1). » — Outre la différence de forme déjà relevée entre Bréhat et Brahec, ce ruisseau, s'il existe, est bien peu de chose, car je n'en ai pu trouver trace nulle part, et il est certain que son embouchure n'a jamais formé un port dit « port de Bréhat. » Donc Bréhec, comme nom, comme site, est le seul lieu qui réponde convenablement au texte de Wrdisten.

Sur l'établissement, sur la colonie fondée par Fracan, il n'y a pas de difficulté : *goad*, *goed* ou *goet* signifie sang dans les divers dialectes bretons (en gallois *gwaed*) ; le fleuve *Sanguis*, c'est le petit fleuve du Gouët qui prend naissance en Saint-Bihi, un peu au sud de Quintin, lave cette petite ville, s'élève au Nord, et après avoir, en s'infléchissant vers l'Est, formé un arc assez étendu débornant la commune de *Ploufragan*, va former le port du Légué et se jeter, après un cours de quatre myriamètres, sous la tour de Cesson dans la baie de Saint-Brieuc.

*Ploufragan*, c'est à la lettre *Plebs Fracani*, c'est-à-dire (comme j'ai traduit plus haut) le *plou* fondé par Fracan après son débarquement en Armorique en 460-465. Mais qu'est-ce qu'un *plou?* Ce n'est pas lieu de répondre complètement à cette question, il faut au moins en dire quelque chose.

Le mot existe dans tous les dialectes bretons. En gallois c'est *plwyf*, en cornique *plew*, en breton armoricain *ploué* et *plou*.

(1) Voir B. Jollivet, *Les Côtes-du-Nord* (1854), t. I, 38 : ouvrage qui passe pour légèrement fait et qui a eu à subir beaucoup de critiques.

L'ancien cornique avait la forme *plui*, l'armoricain (dans le Cartulaire de Redon, IX⁰ siècle) a aussi *plui, plwi, plué, ploi*, et (dans le Cartulaire de Landevenec) *plueu* ou *pluev*. Quant au sens, en gallois, au moins jusqu'au XVI⁰ siècle, ce mot signifiait un corps de peuple ou de peuplade (*populus, plebs, complete body of people*); mais il s'appliquait aussi au territoire ou plat pays occupé par une collection d'habitants. En Armorique, il a ou il a eu de même ces deux sens (1), mais plus souvent celui de territoire. Dans les réformations des feux du duché de Bretagne au XV⁰ siècle, on trouve assez souvent des mentions comme celles-ci : *Guic*-Miliau en *Ploe*-Miliau, *Guic*-Talmezau en *Plou*-Dalmézau, *Guic*-Sané en *Plou*-Sané, — *Guic* c'est *vicus*, agglomération d'habitations, ici donc : bourg paroissial (*guic*) de Miliau, — de Talmézau, — de Sané, dans le territoire paroissial (*plou*) de Miliau, de Talmezau, de Sané.

Dans le Cartulaire de Redon, le *plou* n'est pas seulement une circonscription, c'est une institution. Et bien que les notaires de l'époque traduisent ce mot en latin par *plebs*, cette institution n'a rien de commun avec la *plebs* ecclésiastique mentionnée par les conciles du IX⁰ siècle et qui n'était autre chose que la grande circonscription dite plus tard archiprêtré ou doyenné rural (2). Le *plou* breton est essentiellement une

---

(1) « Dans certaines parties du Léon on dit indifféremment *tud ar menez* ou *plou ar menez* pour : les gens ou le peuple de la montagne » (*Association bretonne — Classe d'Archéologie, Congrès tenu à Saint-Brieuc en 1846*, p. 25). — Voir d'ailleurs, sur tout ce qui vient d'être dit, les Dictionnaires gallois de Davies et d'Owen Pughes; le *Lexicon Cornu-Britannicum* de Robert Williams, les Dictionnaires breton-français de Le Pelletier et de Le Gonidec.

(2) Comme le prouve, entre autres, le canon 13 du concile de Pavie de l'an 850 : « Singulis *plebibus* archipresbyteros præesse volumus qui... etiam eorum presbyterorum, qui per *minores titulos* habitant, vitam jugi circumspectione custodiant. » La synonymie d'archiprêtre et de doyen rural étant incontestable (Voir Thomassin, *Discipline de l'Église*, édit. franç., 1725, t. I, col. 473, 475), *plebs* est ici une de ces grandes circonscriptions dites doyennés ruraux, comprenant au moins dix ou douze, parfois jusqu'à vingt et trente paroisses proprement dites représentées ici par les *minores tituli* : or, les *plou* ou *plebes* du Cartulaire de Redon ne pourraient être tout au plus assimilées qu'aux *minores tituli*, plusieurs sont qualifiées *locellus* : la *plebs* ou le *plou* breton du IX⁰ siècle diffère donc essentiellement de la *plebs* ecclésiastique des conciles contemporains.

institution civile : c'est avant tout un corps d'habitants établis de père en fils sur un territoire déterminé et régis par un chef dont la principale prérogative est le pouvoir judiciaire, qui est qualifié *prince du plou*, en latin *princeps plebis*, en breton *tiern* ou *machtiern*, et investi d'une autorité héréditaire.

Voici encore un fait à noter, qui prouverait que le *plou*, en tant qu'institution, est spécial, non pas seulement à la race bretonne, mais à la Bretagne armoricaine.

Aujourd'hui, et plus encore en remontant dans le passé, entre les noms de lieux bretons en Armorique et ceux de la Grande-Bretagne en Cornwall et en Galles, il existe une très grande, très frappante similitude, résultant surtout de ce fait que la plupart de ces noms débutent par un certain nombre d'affixes, les mêmes des deux côtés de la Manche et très souvent répétés, tels que Lan (*ecclesia*), Tref (*tribus*), Caer ou Ker (*civitas, villa*), Lys ou Les (*aula*), Aber (*œstuarium, portus*), Pen (*caput, promontorium*), Tal (*frons*), Ros ou Rhos (*collis;* selon un glossaire anglo-gallois, *a mountain meadow*). Les noms commençant par *lan,* par *tref* ou *tré, pen, ker* ou *caer,* abondent dans les deux Bretagnes. Il y a pourtant un affixe qu'on trouve encore plus souvent que ceux-là en Armorique, du moins dans les noms de paroisse : c'est *ploué* ou *plou,* soit ainsi, soit sous les formes plus ou moins contractées de *plo, pleu, plu, plé.* Environ deux cents paroisses bretonnes d'Armorique ont en tête de leur nom cet affixe. En Grande-Bretagne, au contraire, bien que le mot existe (*plwyf, plew*), comme nous l'avons dit, en gallois et en cornique, il n'existe pas *un seul nom de lieu* dans lequel il soit employé (1).

Dans les lois galloises d'Howel Da, non plus, aucune mention

---

(1) Voir entre autres, pour le pays de Galles, Nicholas Carlisle, *Topographical Dictionary of the dominion of Wales*, Londres, 1811, in-4°; et pour la Cornouaille anglaise, Davies Gilbert, *Parochial History of Cornwall* (1838, 4 vol. in-8°), et surtout la table des noms de lieux à la fin du t. IV.

du *princeps plebis* ni de l'institution du *plou* telle que nous l'offre en Armorique, au IX° siècle, le Cartulaire de Redon.

Donc en tant qu'institution, le *plou* est spécial à la Bretagne armoricaine, et quand on voit non seulement dans la Vie de S. Uinualoë, mais dans beaucoup d'autres documents anciens, donner ce nom de *plebs* ou *plou* aux petites colonies formées en Armorique par les émigrants bretons des V° et VI° siècles, on est fondé, ce semble, à conclure que le *plou, ploué, pluev* armoricain, c'est primitivement la bande émigrée s'établissant, au sortir de ses barques, sur un coin dépeuplé de la péninsule, sous la protection de quelque vaillant guerrier insulaire, chef temporel de cette société improvisée et sous la direction de quelque moine d'outre-mer, son chef spirituel. Le *plou* c'est donc, si l'on veut, la paroisse bretonne primitive, mais la paroisse civile et religieuse tout à la fois, dont le chef temporel, prince du *plou* (*princeps plebis*), *tiern* ou *machtiern* (il a reçu tous ces noms), exerce sur tous les membres du *plou* (*plebenses*) une autorité héréditaire, dont les prérogatives — à déterminer plus tard, nous ne pouvons le faire en ce moment — sont fort étendues. Ce n'est pas le clan proprement dit, car la plupart du temps le clan a été brisé, dispersé, par les brutalités de l'invasion saxonne et les hasards de l'émigration; mais c'est le clan modifié, relevé sur une nouvelle base, non plus la communauté du sang, mais celle de l'exil et du malheur.

Telle était la petite colonie fondée par Fracan sur les bords du Gouët. Dans le même temps, dans la fin du V° siècle et le cours du VI°, sur nombre d'autres points de la péninsule armoricaine, beaucoup d'autres colonies semblables furent fondées de même par des bandes émigrées. Ces *plou* devenant de plus en plus nombreux, se rapprochèrent, s'unirent, et ainsi se formèrent trois ou quatre petits royaumes ou principautés bretonnes, qui remplacèrent les cités, et les divisions administratives et territoriales de l'époque gallo-romaine, tombées dès lors en ce pays, par suite de sa dépopulation, dans un entier oubli. Au

IXe siècle, sous l'action d'un héros, Nominoë, les principautés bretonnes se fondirent en une seule et forte monarchie. Mais il n'en est pas moins vrai que la molécule primordiale de la nation brito-armoricaine, c'est le *plou*.

Après quatorze siècles, le *plou* de Fracan existe encore et il porte encore le nom de son fondateur : c'est Plou-Fragan, grande commune de 2,700 hectares et de 2,500 habitants, paroisse dont le clocher s'élève à trois kilomètres de Saint-Brieuc. Il serait curieux d'y rechercher les traces du premier établissement de Fracan, d'en déterminer au moins la place. Les laborieux auteurs des *Anciens Évêchés de Bretagne* l'ont essayé.

A une époque fort ancienne, mais sur laquelle on ne peut faire que des conjectures, la paroisse de Ploufragan était entrée dans le *régaire* ou domaine temporel de l'évêque de Saint-Brieuc, qui y avait une belle résidence, un vrai château féodal entouré de bois au lieu appelé les Châtelets, et qui pour cueillir ses rentes, pour prêter main forte à sa justice, avait créé un sergent féodé, auquel il avait donné pour gage un petit manoir, aujourd'hui appelé l'Épine-Guen. Les auteurs des *Évêchés de Bretagne* veulent que ce sergent féodé ait représenté le primitif seigneur et fondateur du *plou*, c'est-à-dire Fracan (1). Ils oublient que le seul représentant du fondateur, le véritable héritier de ses droits, c'était le seigneur de la paroisse, l'évêque de Saint-Brieuc, et que par là il serait plus naturel de mettre la résidence de Fracan aux Châtelets, dont le nom indique par lui-même un lieu très anciennement fortifié. Et quant au nom de l'Épine-Guen, où on croit trouver un souvenir de Uen ou Gwen, femme de Fracan, ce n'est autre chose que le breton *Spern-Guen* (l'Épine-Blanche), dont on a francisé le premier terme.

Mais le plus naturel est de croire que Fracan s'établit dans le

(1) *Anciens Évêchés de Bretagne*, par MM. Geslin de Bourgogne et A. de Barthélémy, Diocèse de Saint-Brieuc, t. II, pp. 260 à 262 (1856).

seul lieu de ce territoire qui porte encore aujourd'hui son nom, c'est-à-dire à Ploufragan ou au moins très près de ce bourg, car il est possible que depuis quatorze siècles quelque circonstance ait amené dans la situation de l'église paroissiale un petit déplacement. Aussi je ne vois pas pourquoi on ne s'en tiendrait pas tout simplement à la tradition populaire encore existante, qui place l'établissement de Fracan à 600 mètres environ du bourg actuel, au village de la Vallée (1), où il existe encore un monument curieux attestant l'ancienneté de la tradition, ainsi décrit dans les *Anciens Évêchés de Bretagne* : « C'est une
» enceinte entourée de blocs de pierre, sorte de cromlec'h, au
» centre duquel se dressent une croix et un autel de granit. La
» tradition veut qu'en ce lieu vénéré se soient élevés le premier
» oratoire et son cimetière; la fontaine voisine porte le nom de
» S. Gwénolé (2). »

Le territoire colonisé par Fracan avait été, paraît-il, fortement occupé avant l'époque romaine, car on y a constaté l'existence d'un assez grand nombre de monuments mégalithiques, entre autres, cinq dolmens ou allées couvertes et trois menhirs (3). Les traces de l'époque gallo-romaine y sont au contraire très faibles : un gisement de tuiles à crochets non loin du bourg, à proximité de la ligne que devait suivre la voie romaine de Corseul à Carhaix, débris de quelque *villa* détruite dès le commencement du V<sup>e</sup> siècle par les invasions barbares : rien de plus. Fracan dut donc trouver la place nette. Il put encore rencontrer toutefois, et tout près de lui, un dernier survivant de l'époque gallo-romaine caché dans

---

(1) Les Châtelets sont à 2,700 mètres du bourg, dans le S.-O., et l'Épine-Guen à 1,700 mètres N.-O.

(2) *Anciens évêchés de Bretagne*, II, p. 263. — M. Jollivet, dans *Les Côtes-du-Nord* (I, 38), dit de son côté : « Fracan s'établit à la *Vallée ;* il fit construire une église ou chapelle dont le temps a fait disparaître jusqu'aux moindres traces, mais une croix a pris possession de l'emplacement qu'elle occupait et remplace aujourd'hui un des premiers temples élevés en Bretagne au Dieu des chrétiens. »

(3) Voir Gaultier du Mottay, *Répertoire archéologique du département des Côtes-du-Nord*, pp. 149-150. Deux des allées couvertes sont ou étaient voisines (je ne sais si elles n'ont pas disparu) du village de la Vallée.

un monument celtique. Le fait est assez curieux pour qu'on le mette en lumière.

A 800 mètres environ au sud-est de la Vallée est la métairie de la Couette; près de cette métairie on découvrit, il a plus de trente ans, une *grotte aux fées* de 15 mètres de long sur 2$^m$50 de large et « en grande partie recouverte de terre, d'arbres et de halliers. » C'était donc un grand dolmen, une allée couverte, encore à demi ensevelie sous son tumulus primitif. Elle fut fouillée en 1854 par l'un des auteurs des *Anciens Évêchés bretons* :

« Les blocs de pierre (1), dit-il, formaient un caveau partagé en trois chambres à l'intérieur. La cellule la plus voisine du chevet (2), paraissait n'avoir jamais été ouverte; nous y trouvâmes un vase fabriqué à la main d'une terre séchée au soleil et contenant des os calcinés; autour étaient rangées quelques petites haches en silex, quelques instruments en arêtes de poisson, des débris de colliers en os et en pierres opaques. Dans la chambre du milieu, sur un dallage en briques, nous reconnûmes les restes d'un foyer avec de la cendre, du charbon et des débris de poterie fine : un Gallo-Romain s'était glissé là, dérangeant une des pierres de la couverture, en partie brisée; il s'était construit une chambre de 5 mètres environ et y avait porté quelques ustensiles d'un mobilier assez riche. Sous le dallage nous remarquâmes des terres rapportées, dans lesquelles nous trouvâmes un fragment de lance en bonze, des pierres de diverse couleur qui avaient été taillées pour ornements, et des tessons moins fins, d'un travail moins fini que ceux de la couche supérieure : le Gallo-Romain s'était donc installé sur des restes celtiques du second âge (3). »

(1) Les blocs composant cette allée couverte sont au nombre de 22, savoir 7 supports du côté nord, 8 du côté sud, et 7 tables ou linteaux. Voir G. du Mottay, *Répertoire archéologique des Côtes-du-Nord*, p. 149.
(2) Celle du côté de l'Est, sans doute, le monument étant comme d'habitude, orienté de l'Est à l'Ouest.
(3) *Anciens Évêchés de Bretagne*, II, pp. 263-264.

Ce Gallo-Romain était apparemment le maître de la maison dont on a retrouvé des tuiles à rebords près du bourg de Ploufragan. Voilà où en étaient réduits, dans la seconde moitié du V⁰ siècle, les indigènes armoricains : pour échapper aux pirates barbares qui brûlaient ou renversaient leurs habitations, il leur fallait se cacher sous terre, se loger dans des grottes sépulcrales. Pendant ce temps, Fracan, fraîchement débarqué, arrivait avec ses compagnons d'exil, défrichait, labourait les bords du Gouët, bâtissait des maisons de bois, un village, une église, et organisait son *plou*.

Curieux spectacle : voilà, sur ce petit coin de terre, en face l'une de l'autre, deux sociétés, deux civilisations : l'une qui finit et l'autre qui commence.

## IV

### C — Naissance de Uinualoë.

Aussitôt après avoir raconté, à la fin du second chapitre de son œuvre, l'arrivée de Fracan en Armorique et son installation sur les bords du Gouët, Wrdisten, au début de son troisième chapitre, poursuit ainsi son récit :

« Dans le même temps, voyant croître peu à peu le nombre de ses compagnons et ses biens multiplier jusqu'à l'exubérance, trouvant d'ailleurs que c'était trop peu d'avoir deux fils, le couple exilé en désire un troisième pour exprimer la forme de la sainte et souveraine Trinité (1). Bientôt l'heureuse épouse sent dans son sein le fruit désiré. L'époux la félicite de sa grossesse et se livre à toute la joie de son âme dans l'espoir d'un nouvel héritier. Tous attendent comme un grand jour la naissance de l'enfant. Il vint bientôt ce jour si désiré, où la

---

(1) « Eodem itaque tempore, crescente paulatim sociorum numero magnaque rerum inundante copia, tertius sanctæ formam exprimens summæque Trinitatis affore exoptatur filius, quasi omnino parvum esset duos tantum habere filios. » (*Cartul. Landev.*, ms. ff. 13 v⁰ et 14, édit. p. 10).

lumière longtemps espérée se montra enfin à la patrie; jour plus brillant qu'aucun autre pour les habitants de l'Armorique occidentale. Le nouveau-né reçut le nom pur de *Uinualoë* (1). »

D'après le récit de Wrdisten — on le voit — la naissance de Uinualoë dut suivre de très près l'établissement de Fracan sur les bords du Gouët; c'est presque « dans le même temps (*eodem itaque tempore*) qu'il conçut le désir d'un troisième fils, et tout de suite la conception de ce fils se produisit. Toutefois, d'après Wrdisten, deux faits s'étaient passés dans l'intervalle : le nombre des compagnons de Fracan, c'est-à-dire des Bretons formant sous sa direction la petite société appelée dès lors le *plou* de Fracan, ce nombre s'était peu à peu accru (*crescente paulatim sociorum numero*), sans doute par l'accession de nouveaux émigrés venus de l'île de Bretagne. De plus, le sol défriché par les nouveaux colons leur avait donné une récolte au centuple (*magnaque rerum copia inundante*). Cela implique au moins un an d'installation. Puis vient la conception de Uinualoë, dont la naissance dut se produire environ deux ans après l'arrivée de Fracan en Armorique, et ce fait, nous l'avons montré, devant être placé de 460 à 465, la naissance de Uinualoë eut lieu de 462 à 467.

Je me suis attaché à traduire, à commenter mot à mot, pied à pied, ce début de l'œuvre de Wrdisten, pour bien prouver que cette date se dégage nettement de son récit, et que, d'après ce récit, le passage de Fracan en Armorique et la naissance de son troisième fils eurent lieu très peu de temps, très peu d'années après le début de la lutte entre les Saxons et les Bretons insulaires, c'est-à-dire, en chiffres ronds et par approximation, de 460 à 470.

En présence des contradictions dont nous aurons à parler bientôt, on nous pardonnera d'insister encore et, en omettant les développements, de rapprocher ici les termes essentiels du

---

(1) « Quem genitum puro nomine appellant Uuinualoeum. » *Ibid.*

texte de Wrdisten, de façon à mettre en pleine lumière d'évidence le sens et la suite logique de ses trois premiers chapitres.

Dans le premier — tout historique — il établit que la fille de l'île de Bretagne (*parva soboles*) établie en Armorique se transporta sur le continent *tempore non alio quo gens barbara Saxonum maternum possedit cespitem*, c'est-à-dire que l'émigration bretonne commença au moment où commença la prise de possession de la Grande-Bretagne par la race saxonne; et pour mieux marquer ce moment, Wrdisten relate le synchronisme, déjà noté par Gildas, de la peste qui coïncida avec les premiers établissements des Saxons dans l'île : « *Intereu*, peste fœda exorta, ex hac lue antiqua desolatur patria. » Et immédiatement, il continue (chapitre II) :

« *Inter hæc*, vir quidam illustris nomine Fracanus... Armoricam, rate conscensa, aggreditur, enatato ponto Britannico, tellurem. In qua... cum suis inhabitare cœpit. »

Et le chapitre III sans interruption reprend :

« *Eodem* itaque *tempore*... tertius affore exoptatur filius. Fœmina optatum in utero habere se persensit conceptum... Quem genitum puro nomine appellant Uuinualoeum. »

L'*inter hæc* du second chapitre rattache nettement l'émigration de Fracan à l'époque où l'île de Bretagne fut affligée à la fois par les deux fléaux que l'auteur vient de signaler : la peste et les débuts de l'invasion saxonne. Et l'*eodem tempore* du chapitre III montre la naissance de Uinualoë suivant de très près l'émigration de Fracan en Armorique. — L'opinion explicitement professée par Wrdisten est donc que cette émigration et cette naissance appartiennent à l'époque où se produisit en Grande-Bretagne l'invasion saxonne, c'est-à-dire à la seconde moitié du V° siècle et à un temps qui ne saurait être, en tout cas, plus récent que 470.

Cependant on a prétendu trouver dans Wrdisten la preuve du contraire — la preuve que Uinualoë ne pouvait être antérieur à la seconde moitié du VI° siècle. Pour cela, on commence par écarter, par omettre comme s'ils n'existaient pas, les trois premiers chapitres que nous venons d'examiner et où l'auteur, de dessein formé, exprime son opinion sur l'époque de la naissance de son héros. Puis, dans le second livre de la Vie de S. Uinualoë, on va chercher un chapitre épisodique en vers (le chap. xix) intitulé : *De altitudine Cornubiæ*, où après de grandes louanges données aux trois pères, aux trois patrons de la Cornouaille, dans l'ordre religieux et civil, — Gradlon, son premier prince; Corentin, son premier évêque; Gwenolé, son premier abbé, fondateur en ce pays de la vie monastique (*heremitarum abbas*); — après l'éloge de ces trois grands hommes, on ajoute :

> Jamque tamen ternos precesserat ordine sanctus
> Eximios istos Tutgualus nomine, clarus
> Cum meritis monachus, multorum exemplar habendus :
> Cujuscumque sinu caperet cum vestibus ignem,
> Non tetigit flamma sed leni rore madescit.
> Sed cum cœlitibus vitam tum forte gerebat,
> Cum ternis patria munitur fulta columnis :
> Quarta tamen, vivens quo corpore vixerat, ipse
> Cum Christo vivit, quia non minus esse putatur.
> Ast igitur fulcris tunc eminet alta quaternis
> Cornubiæ patria, rerum quoque copia plena (1).

(*Traduction*). — « Cependant avant ces trois grands hommes déjà avait paru S. Tudual, moine illustre par ses mérites, digne de servir de modèle à un grand nombre, et qui un jour lorsqu'il portait du feu dans son sein, sur ses vêtements, loin d'être brûlé par la flamme, se sentit mouillé d'une douce rosée. Mais déjà il partageait au ciel la vie des bienheureux quand le pays [de Cornouaille] avait pour rempart ces trois colonnes [Gradlon, Corentin, Uinualoë] : lui-même il était la quatrième, car tout en vivant avec le Christ, il continuait aussi de

(1) *Cartul. Landev.*, ms. ff. 90 v° et 91, édit. p. 82.

vivre au lieu que son corps avait habité; il ne peut donc être compté pour moins [que les trois autres]. Portée sur ces quatre pilastres, la Cornouaille était alors haute et prospère. »

On a vu là le nom de Tudual, et sans y regarder de plus près, on a cru qu'il s'agissait du fondateur et évêque de Tréguer, qui avait eu des relations avec le roi Childebert I$^{er}$ et était mort vers le milieu du VI$^e$ siècle. D'où on a conclu que, si Gwenolé, Corentin et Gradlon n'ont paru en Cornouaille qu'après la mort de Tudual, ils ne peuvent avoir vécu dans la seconde moitié du V$^e$ siècle, mais au plus tôt dans la seconde moitié du VI$^e$, ce qui mettrait en déroute la chronologie de tous les historiens bretons, non seulement ceux de l'école conaniste (1), comme Albert le Grand et dom Morice, mais aussi ceux de l'école critique, comme Le Gallois, Lobineau et tous ceux qui l'ont suivi.

C'est M. Alfred Ramé qui fit cette découverte en 1882 et la consigna, non sans orgueil, dans un rapport adressé au Comité des travaux historiques et ayant pour but, en disant le plus de mal possible du Cartulaire de Landevenec, d'en empêcher l'impression parmi les *Documents inédits de l'histoire de France* (2).

M. Ramé était un archéologue éminent, mais malheureusement fort peu versé dans l'histoire de Bretagne, surtout dans les questions d'origines. S'il y avait été moins étranger, il aurait vu de suite que le Tudual du chapitre *De altitudine Cornubiæ* ne peut être assimilé au Tudual fondateur de Tréguer, mort vers le milieu du VI$^e$ siècle.

Le Tudual du *De altitudine* est présenté comme une des « colonnes » des « quatre bases fondamentales » de la patrie

---

(1) Nous appelons *conanistes* les auteurs qui donnent ou acceptent pour base de l'histoire de la Bretagne Armorique la fable de Conan Mériadec.

(2) Ce rapport, lu au Comité dans sa séance du 11 décembre 1882, fut publié dans le *Bulletin du Comité des travaux historiques et scientifiques*, section d'histoire d'archéologie et de philologie, année 1882, pp. 419-448. Le passage visé ici est aux pp. 433-434.

cornouaillaise, et l'on nous dit formellement que c'est là qu'il vécut. — S. Tudual de Tréguer, dont nous possédons trois Vies anciennes et fort étendues, n'a jamais résidé en Cournouaille, jamais eu aucun rapport avec ce pays; toute sa vie, toute son activité s'est dépensée au profit de la Domnonée, dans la Bretagne du Nord.

Le Tudual du *De altitudine* est qualifié *monachus*, et ici c'est une qualification précise, caractéristique, opposé au titre *abbas* donné à Uinaloë quelques vers plus haut : car, dans les quatre personnages glorifiés par lui, le dessein manifeste du poète est de nous présenter quatre types, quatre modèles : Gradlon le type du prince, Corentin de l'évêque, Uinaloë de l'abbé, et Tudual du simple moine. Au contraire, le Tudual de Tréguer n'a jamais paru en Armorique comme simple moine ; quand il y arrive il est déjà abbé, chef d'une nombreuse famille monastique, bientôt il devient évêque, et c'est là (*episcopus*) le titre désignatif que lui donnent constamment tous les documents hagiographiques, toutes les traditions, toutes les chroniques.

Enfin, pour achever de caractériser son Tudual, le *De altitudine* rappelle (comme c'était l'usage) son miracle le plus célèbre : le feu qu'il porte dans son sein, sur ses vêtements, sans en être brûlé. — Parmi les nombreux miracles attribués au Tudual de Tréguer on ne trouve rien de pareil.

Il y a donc là certainement deux personnages distincts. Le Tudual du *De altitudine*, mort avant S. Uinaloë, mais d'ailleurs absolument inconnu, n'est point le Tudual de Tréguer (1), et de la date mortuaire de ce dernier, de l'époque où il a vécu, nulle conséquence à tirer pour la chronologie de Uinaloë. L'argument

---

(1) Ce n'est pas notre affaire de chercher ce que pouvait être ce S. Tudual de Cornouaille ; nous croirions volontiers qu'il peut s'agir ici soit de S. Tudi, dont le nom en latin s'est écrit quelquefois *Tudulus*, soit de S. Tudian, Tuian ou Tujan, dont le nom latin, *Tudianus* ou *Tuduanus*, pouvait être bien facilement transformé en *Tudualus*. Tous deux (Tudi et Tujan) ont laissé leur nom, leur patronage à des églises de Bretagne qui subsistent encore ; mais de leur vie on ne sait absolument rien — et combien d'autres dans le même cas !

de M. Ramé tombe dans l'eau, et le chapitre xix du livre II de la Vie de S. Uinualoë ne contredit en rien l'époque si clairement assignée à la naissance de celui-ci par les trois premiers chapitres du livre I$^{er}$, qui la placent, nous l'avons vu, dans la seconde moitié du V$^e$ siècle, de 460 à 470.

D'ailleurs, quand nous aurons à parler des rapports de Uinualoë avec Gradlon, nous verrons que les chapitres xix, xx et xxi du livre II de la Vie de S. Uinualoë sont une interpolation introduite au X$^e$ siècle dans l'œuvre de Wrdisten.

Ce qu'il y a de curieux, c'est que M. Ramé s'était grisé de sa prétendue découverte au point d'écrire, entre autres choses, « qu'aucun document historique ne permet de déterminer à quel » moment, entre le V$^e$ et le IX$^e$ siècle, vécut Guénolé fondateur » de Landevenec (1). » Ce qui prouve seulement qu'il n'avait pas lu les trois premiers chapitres de l'œuvre de Wrdisten, et ce n'est point là l'unique preuve de l'étonnante légèreté avec laquelle il avait étudié les textes documents sur lesquels roule son rapport.

Le plus fâcheux c'est que, par son assurance, par la forme spécieuse de son argumentation, il a entraîné dans son erreur un savant d'une tout autre valeur, d'une tout autre autorité en ces matières, l'un des maîtres de la science celtique, M. d'Arbois de Jubainville, — qui a même poussé plus loin le système inauguré par M. Ramé, car il transporte dans le VIII$^e$ siècle Uinualoë et Gradlon, dont il fait des contemporains de Charlemagne (2). Mais du moins, pour en venir là, il n'invoque pas Wrdisten ; il ne tire de Wrdisten — ou plutôt de la grande Vie de S. Uinualoë — que l'argument du Tudual du *De altitudine Cornubiæ*, découvert antérieurement par M. Ramé et dont nous venons de montrer la valeur. Quant au reste, M. d'Arbois de Jubainville s'en réfère à des documents compris dans la seconde

---

(1) *Bulletin du Comité* (déjà cité), ann. 1882, pp. 431-432.
(2) Voir *Documents inédits sur l'histoire de France, Mélanges historiques*, t. V (1886), pp. 547-549.

partie du Cartulaire de Landevenec, celle que nous avons appelée la partie *diplomatique*, qui commence au feuillet 140 verso par la liste des abbés.

Cette partie, tout le monde le reconnaît, fut écrite, composée ou compilée vers le milieu du XIe siècle, c'est-à-dire près de deux cents ans après Wrdisten, cent ans après les ravages des invasions normandes qui, en ruinant Landevenec comme tous les monastères de Bretagne, avaient détruit les documents primitifs, sources écrites de l'œuvre de Wrdisten, et en outre interrompu, altéré ou effacé dans une certaine mesure les traditions de l'antique abbaye. En de telles conditions et *a priori*, on conçoit mal que la doctrine chronologique si nettement exprimée dans les trois premiers chapitres de Wrdisten, et qui place l'émigration de Fracan en Armorique très peu de temps après le début de l'invasion saxonne en Grande-Bretagne, c'est-à-dire dans la seconde moitié du Ve siècle, — on conçoit difficilement que cette doctrine puisse être tenue en échec par des documents tronqués et par des légendes suspectes, plus jeunes de deux siècles, dont on ne connaît point la source.

Quand nous arriverons à la seconde partie du Cartulaire de Landevenec, nous examinerons, avec toute l'attention qu'ils méritent, les arguments et les documents invoqués par M. d'Arbois de Jubainville. Jusque-là, après ce que nous venons de dire, nous croyons pouvoir, sans trop de témérité, maintenir les conclusions que nous a fournies l'examen des trois premiers chapitres de Wrdisten.

## V

### D — **Uinualoë au monastère de Budoc.**

A l'âge de sept ans, Uinualoë fut confié par son père à un pieux et savant maître, Budoc, chef du monastère le plus ancien dont on puisse constater l'existence dans la péninsule armoricaine.

Ce monastère était situé dans l'île Laurée (*insula Laurea*), aujourd'hui l'île Verte (1), mince îlot de quelques hectares situé à l'embouchure du Trieu, touchant aux grèves de la grande île de Bréhat, avec laquelle il devait, au V⁰ siècle, communiquer facilement chaque jour à mer basse, et peut-être même par cette île avec le continent, car depuis lors, on le sait, la mer a beaucoup gagné sur les côtes de la péninsule armoricaine.

La vie de Uinualoë dans ce monastère, d'abord comme écolier, puis comme novice, puis comme moine, les divers épisodes qui s'y rattachent jusqu'au jour où il quitta Budoc pour aller créer, au fond de la rade de Brest, l'abbaye de Landevenec, telle est, coupée en vingt-deux chapitres, la matière du premier livre de l'œuvre de Wrdisten. Sur les mœurs et sur l'histoire civile et religieuse des Bretons d'Armorique, on y trouve nombre de renseignements curieux. En ce moment nous ne pouvons nous y arrêter. Notre objet le plus pressant est de fixer sur des fondements solides les principales dates de l'existence de S. Uinualoë, qui seules peuvent jeter quelque lumière sur la chronologie des origines historiques de la Cornouaille.

Pour donner idée de la vie de S. Uinualoë pendant son séjour au monastère de Budoc — qui embrasse son enfance et sa première jeunesse, — nous nous bornerons à présenter ici le sommaire des vingt-deux chapitres du premier livre de l'œuvre de Wrdisten; après quoi nous rechercherons à quelle époque il quitta l'île Laurée pour fonder Landevenec, date des plus im-

---

(1) Nous acceptons jusqu'à nouvel ordre l'identification traditionnelle de l'*insula Laurea* avec l'île Verte située à l'Ouest de Bréhat; mais, à l'Est de ~~cette~~ *l'île de Bréhat,* ~~île~~, très près d'elle, il y a un îlot dit *Lavareo* sur la carte de France de l'État-major (feuille 42), *Lavreo* dans la nouvelle édition du *Dictionnaire de Bretagne* d'Ogée (au mot *Isle de Bréhat*), et qui, d'après nos renseignements, se nommerait exactement *Lavret* ou *Lavré*, nom identique à celui de *Laurea* qui peut tout aussi bien s'écrire *Laurea*, l'*u* étant constamment employé pour *v* dans le manuscrit original du Cartulaire de Landevenec. Toutefois avant d'admettre l'identité de l'*insula Laurea* avec *Lavret* ou *Lavré*, il convient de faire une enquête sur les traditions locales relatives à ce dernier îlot : c'est pourquoi nous traduirons constamment ici le nom d'*insula Laurea* par un simple calque (l'île *Laurée*), qui ne préjuge point la solution de la question.

portantes de sa carrière, des plus utiles pour l'histoire, non seulement à cause de cette fondation, mais plus encore en raison des relations du fondateur avec Gradlon, roi ou comte de Cornouaille.

## LIVRE I

Chap. I. — Émigration des Bretons insulaires en Armorique (*Cartulaire de Landevenec*, ms., fol. 9; édit. de la Société archéologique du Finistère, p. 7; cf. ci-dessus § II, p. 303).

II. — Passage de Fracan et de sa famille en Armorique; son établissement sur les bords du Gouët (*Ibid.*, ms. f. 11 v°, édit. p. 9; cf. ci-dessus § III, p. 308).

III. — Naissance de Uinualoë (voir ci-dessus § IV, p. 321). Il prie son père de l'envoyer, pour s'instruire, au monastère de Budoc situé dans l'île Laurée (ou île Verte). Son père s'y refuse d'abord obstinément, puis terrifié par un orage effroyable, où il voit une manifestation de la volonté de Dieu, il cède au désir de l'enfant (*Ibid.*, ms. f. 13 v°, édit. p. 10).

IV. — Voyage par mer de Fracan à l'île Laurée en longeant la côte du pays de Uelam ou Uelau, aujourd'hui Goëllo (*Ibid.*, ms. f. 15 v°, édit. p. 12).

V. — Uinualoë est remis par son père aux mains de Budoc, dans l'île Laurée (*Ibid.*, ms. f. 17, édit. p. 13).

VI. — Réflexions pieuses (*Ibid.*, ms. f. 18, édit. p. 14).

VII. — Premier miracle de Uinualoë : il guérit un de ses condisciples de l'île Laurée, qui s'était cassé la jambe (*Ibid.*, ms. f. 20, edit. p. 16).

VIII. — Réflexions pieuses (*Ibid.*, ms. f. 23 v°, édit. p. 19).

IX. — Amour de Uinualoë pour les pauvres (*Ibid.*, ms. f. 25 v°, édit. p. 21).

X. — Réflexions pieuses (*Ibid.*, ms. f. 27, edit. p. 22).

XI. — Uinualoë raillé, invectivé par un de ses condisciples à cause de son amour pour les pauvres, auxquels il ne pouvait donner que de bonnes paroles, rend la vue à l'un de ces pauvres qui était aveugle. Cantique des écoliers de l'île Laurée en l'honneur de Uinualoë (*Ibid.*, ms. f. 30, édit. p. 25).

XII et XIII. — Réflexions pieuses (*Ibid.*, ms. ff. 33 v° et 34 v°, édit. pp. 19 et 20).

XIV. — Uinualoë guérit sa sœur Chreirbia, à qui une oie sauvage avait tiré l'œil (*Ibid.*, ms. f. 37, édit. p. 31).

XV. — Il guérit son disciple Tethgon, piqué et empoisonné par un serpent (*Ibid.*, ms. f. 40 v°, édit. p. 34).

XVI. — Il délivre des loups Uoedmon, berger du duc Quonotheth, et son troupeau (*Ibid.*, ms. f. 44, édit. p. 37).

XVII. — Réflexions pieuses (*Ibid.*, ms. f. 46 v°, édit. p. 40).

XVIII. — Fracan et le duc Riual font courir ensemble leurs chevaux; Magl, fils de Conomagl, précipité de son cheval et tenu pour mort, est rendu à la vie par Uinualoë (*Ibid.*, ms. f. 50, édit. p. 43).

XIX. — Uinualoë veut aller en Irlande visiter saint Patrice, qui lui apparaît et lui ordonne de rester en Armorique (*Ibid.*, ms. f. 53 v°, édit. p. 46).

XX. — Il rapporte sa vision à son maître Budoc, qui lui donne onze de ses disciples pour aller fonder un monastère. Exhortations de Budoc à ses disciples (*Ibid.*, ms. f. 55 v°, édit. p. 48).

XXI. — Suite des exhortations de Budoc : contre les innovations des moines errants (*Ibid.*, ms. f. 58 v°, édit. p. 50).

XXII. — Adieux et séparation de Budoc et de Uinualoë (*Ibid.*, ms. f. 60, édit. p. 52).

## VI

### E — Séparation de Budoc et de Uinualoë.

Cette séparation fut déterminée par une vision ou un songe de Uinualoë, dont le récit, dans le texte de Wrdisten, n'est point sans difficulté. C'est le chapitre XIX du livre I<sup>er</sup>; en voici la traduction fidèle, titre compris.

« *Du vif désir qui se glissa au cœur de Uinualoë de voir les lieux où avait vécu saint Patrice* (1) *et comme il fut avertit en songe de ne point partir, mais de rester en Armorique.*

» Une nuit, après le travail accoutumé, les complies dites, Uinualoë reposait depuis peu de temps, quand tout à coup s'attacha à lui le désir de visiter les lieux sacrés qu'avait habités saint Patrice, personnage d'une haute sagesse et pleinement catholique, afin de jouir, comme eût pu le faire un bon disciple, de son enseignement et de ses exemples (2). Peu de temps auparavant, pareil à un flambeau très brillant placé à une grande hauteur et qui lance de là d'immenses lumières, ce Patrice avait illuminé toutes les églises de l'île d'Hibernie et celles de tous les autres pays où avait pu être portée la renommée de sa vertu (3). Car, aussi vaillant contre les hérétiques et les perturbateurs qu'humble et doux envers les bons et vrais serviteurs du Christ, il terrassait tous les mages et tous les devins de cette île (4) si rusés qu'ils fussent, par la grâce de sa

---

(1) « De alta cogitatione, quæ in cor ejus irrepsit, ut sancta loca in quibus *sanctus Patricius conversatus fuerat*, inviseret... » (*Cartul. Landev.*, ms. f. 53 v°, édit. p. 46).

(2) « Hæc ei subito inhæsit cogitatio ut sancta loca in quibus *sanctus Patricius habitaverat...* inviseret, et ejus disciplina atque exemplis quasi discipulus frueretur egregius » (*Ibid.*).

(3) « Qui, non ante multum temporis, cunctas Hyberniæ *illuminarat* ecclesias, et non solum illas, sed totius mundi omnes ad quas fama ejus meritumque deferri *potuisset* » (*Ibid.*, ms. ff. 53 v° et 54, édit. p. 46).

(4) « Omnes *magos* atque ariolos totius insulæ predictæ... *prosternebat* » (*Ibid.*) — *Magus*, prêtre des faux dieux ; on serait même ici pour l'Irlande autorisé à traduire ce mot par *druide* : voir M. Skene, *Celtic Scotland*, II, pp. 111 et 115, et M. d'Arbois de Jubainville, *Introduction à l'Histoire de la littérature celtique*, pp. 135-136, 234 et 385, note 2.

doctrine et la vertu de sa prière. Ceux [des Hibernois] qui refusaient de corriger leurs œuvres perverses et de se convertir au Christ, sans hésiter il les condamnait à la mort éternelle; mais ceux qui délaissant le mal faisaient pénitence, il leur promettait au nom du Christ la récompense suprême et les menait à la vie éternelle sous sa conduite (1). Bon gré mal gré, presque tous les Hibernois furent touchés par lui, et enfin il les convertit tous (2). — La renommée de ce très excellent personnage, répandue alors de tous côtés, enflamma si bien Uinualoë que, ne pouvant plus différer l'exécution de son projet, il résolut de partir le lendemain pour l'île des Scots avec des marchands qui étaient dans le port, attendant le moment de mettre à la voile pour faire le commerce d'outre mer (3). »

Cette narration est conçue de façon à faire croire — sans cependant, comme on l'a prétendu, le dire expressément — que la conversion de l'Irlande est terminée, que saint Patrice est mort, mais pas depuis longtemps (*non ante multum temporis*), et que sa renommée, sans cesse grandissant dans le monde celtique avec celle de son œuvre, enthousiasme le jeune Uinualoë au point de le précipiter en Irlande pour y aller vénérer les traces du grand apôtre aux lieux où il avait habité et où l'on pouvait encore recueillir de la bouche de ses disciples ses précieux enseignements. Jusque-là pas de difficulté, mais voici la suite :

« Uinualoë s'étant endormi sur cette pensée, dans cette même nuit, durant son sommeil, une figure resplendissante d'aspect angélique, le front ceint d'une couronne, lui apparut (4) et lui dit : « Uinualoë, ami de Dieu, es-tu éveillé? — Me voici, répondit

(1) « Ad vitam secum *ducebat* sempiternam » (*Ibid.*, ms. f. 54, édit. p. 47).
(2) « Omnes tandem *convertit* ad Christum » (*Ibid.*, ms. f. 54 v°, édit. p. 47).
(3) « Hujus ergo excellentissimi viri opinione longe lateque diffusa incitatus (Uinualoeus), differri se nisi in crastinam diem posse nullo modo molitur, sed cum mercatoribus transmarina negocia ausportantibus, ventum in portu serenum exspectantibus, simul pergeret et transmigraret ad Scotos » (*Ibid.*, ms. f. 54 v°, édit. p. 47).
(4) « Apparuit ei eadem nocte vir splendidissimus, quasi habitu angelicus et quasi in capite coronatus, et dixit ei... » (*Ibid.*).

Uinualoë, et vous, seigneur, qui êtes-vous ? — Très cher frère (reprit l'apparition), renonce à ce long voyage par terre et par mer : je suis ce Patrice *que tu veux aller trouver*, donc ne te fatigues pas (1). »

Puis, dans un long entretien, l'apôtre de l'Irlande prodigue ses instructions au fils de Fracan, le dissuadant de partir pour l'Hibernie puisqu'il a reçu en Armorique la visite de Patrice et lui annonçant en outre qu'il ne doit plus rester longtemps à l'île Laurée, mais aller fonder un autre monastère avec les moines que Budoc son maître lui donnera (2).

Le lendemain matin, Uinualoë va conter à celui-ci, sans rien omettre, sa vision de sa nuit, son entretien avec la radieuse figure. Budoc en souriant lui demande : « Eh bien, en as-tu assez du vol que tu prétendais nous faire? — Vous voler et comment? balbutie le moine confus. — Mais, *en allant voir Patrice* sans l'avoir dit à personne, » reprend le vieillard (3). Et peu de temps après, mettant onze de ses moines sous la conduite de Uinualoë, il les envoya fonder comme nous le verrons, un nouveau monastère qui fut Landevenec.

Dans cette seconde partie du récit, deux traits semblent en opposition avec la première : Budoc reprochant à Uinualoë d'avoir voulu aller voir Patrice clandestinement ; Patrice disant au même Uinualoë : « Je suis Patrice, que tu veux aller trouver. » Ces deux traits, pris dans leur sens naturel, impliquent l'existence de saint Patrice au moment où Uinualoë projetait d'aller en Irlande, tandis que la première partie du chapitre XIX, traduite ci-dessus, donne à croire qu'à ce moment même Patrice depuis un temps plus ou moins long avait cessé de vivre. Mais il faut se rappeler

---

(1) « Ego sum Patricius, *quem adire cupis.* » (*Ibid.*, ms. ff. 54 v° et 55, édit. p. 47.)

(2) « Hic non multum inhabitabis... sed vade, quære locum cum aliis quos tibi dederit magister » (*Ibid.*).

(3) « Senex (Budocus) hilari vultu ad illum : Tune igitur adhuc furto es satiatus? » — Ille autem : « Quali, inquit, furto? » — Tum senex : « *Visendi*, ait, *Patricium*, te nemini prius indicante » (*Cartul. Landev.*, ms. f. 56, édit. p. 48).

les habitudes du moyen âge, celles entre autres de Wrdisten, qui mêlait et même substituait volontiers au sens naturel le sens mystique. Or, au sens figuré, au sens mystique, aller voir, aller trouver saint Patrice, peut aisément signifier aller rechercher, aller vénérer les reliques de ce saint et toutes les traces de son existence, de sa doctrine, de son apostolat, encore existantes en Hibernie au moment où Uinualoë voulait s'y rendre. On peut donc admettre que Wrdisten ait entendu attribuer ce sens au *visendi Patricium* de Budoc, et au *Patricius quem cupis adire* mis dans la bouche de Patrice lui-même. On le peut d'autant mieux que, suivant la remarque du très savant P. de Smedt, les insignes avec lesquels saint Patrice apparaît à Uinualoë, ces rayons, cette couronne, cet aspect angélique, sont d'habitude réservés aux bienheureux déjà entrés, par la mort, dans la gloire éternelle (1).

Et si Wrdisten s'est exprimé de façon à laisser planer un doute sur la question de la vie ou de la mort de Patrice lors du projet de voyage de Uinualoë, c'était probablement à dessein. Peut-être les divergences existant dès le IX⁰ siècle en Irlande sur la date mortuaire du grand apôtre avaient-elles déjà pénétré en Armorique, et entre les deux opinions contraires Wrdisten ne pouvant prendre parti, suivait alternativement un peu au hasard l'une et l'autre. En outre, une tradition immémoriale de Landevenec, constatée par Wrdisten dans une autre partie de son œuvre (2), décernait à Uinualoë le titre de disciple de saint Patrice : l'hagiographe aura craint d'ôter à ce titre quelque chose de son prestige s'il ne laissait pas aux pieux croyants la possibilité d'admettre des relations entre ces deux saints du vivant

---

(1) Voir *Analecta Bollandiana*, t. VII, p. 207.
(2) Au chap. XI du livre I, dans un chant en l'honneur de Uinualoë, attribué aux écoliers de l'île Laurée, et où on trouve ce vers :

Discipulus sancti qui constas more Patricii.

(*Cartul. Landev.*, ms. f. 33, édit. p. 27).

de l'un et de l'autre : de là les hésitations, les équivoques si l'on veut, dont il use dans ce récit.

Ce qui est certain, c'est que depuis la publication des documents sur saint Patrice édités par le R. P. Hogan (1), il est devenu, à notre avis, impossible de prolonger la vie de cet apôtre jusqu'au projet de voyage en Irlande formé par Uinualoë.

Nous parlions tout à l'heure des divergences sur la date mortuaire de S. Patrice, existant entre les chroniques irlandaises : les unes, recueillies dès le XIe siècle dans les *Annales de Tighernach*, la placent en 493 ; d'autres, comme le *Cronicum Scotorum* (2), trente à quarante ans plus tôt, en 457, 460, ou 466. Comme l'époque de ces chroniques est mal établie et qu'on n'a jusqu'à présent produit nulle raison sérieuse de préférer celles-ci à celles-là, leur autorité se vaut, et tant que le débat est resté agité entre ces chroniques, on avait toute liberté de choisir entre les deux dates. Celle de 493 étant appuyée par des considérations fort ingénieuses de notre grand critique Le Nain de Tillemont (3), — fondées non sur ces chroniques qu'il ne connaissait pas, mais uniquement sur les écrits authentiques de saint Patrice, — je m'étais rangé à cette date de 493, et dès lors, laissant au *visendi Patricium* et au *quem cupis adire* leur sens naturel, j'avais admis la prolongation de la vie de Patrice jusqu'au projet de voyage de Uinualoë.

Mais voici que le R. P. Hogan vient de mettre au jour deux documents d'une tout autre autorité que celle des chroniques, deux documents de date certaine, du milieu et de la seconde moitié du VIIe siècle, venant d'Armagh où se conservaient toutes les anciennes traditions religieuses de l'Irlande, repré-

---

(1) Dans les *Analecta Bollandiana*, t. I (1882), pp. 530 à 585, et t. II (1883), pp. 35 à 68.

(2) Voir *Revue Celtique*, t. IX (1888), pp. 111-112, art. de M. d'Arbois de Jubainville.

(3) Voir Tillemont, *Mémoires pour servir à l'histoire ecclésiastique*, t. XVI (1712), pp. 452 à 469 et 781 à 787, spécialement pp. 462 et 783-785. S'il avait connu les documents publiés par le R. P. Hogan, Tillemont aurait très probablement modifié ses conclusions.

sentant et exprimant dans les mêmes termes la tradition irlandaise — à ce moment encore sans divergence — sur la date mortuaire de saint Patrice.

Le plus ancien de ces documents est un recueil de notes et d'extraits sur le grand apôtre (*Collectanea Tirechani de sancto Patricio*), empruntés pour la plupart aux écrits ou aux enseignements de l'évêque Ultanus, mort en 656, dont Tirechan, l'auteur du recueil, était le disciple (1). L'autre document est un récit suivi, une *Vie de saint Patrice* proprement dite, écrite par un Irlandais appelé Muirchu Maccumachteni, sur les informations d'un évêque de cette nation nommé Aidus, mort vers 698, auquel l'auteur l'a dédiée (2).

Or, ces deux documents affirment, l'un comme l'autre, dans les mêmes termes, que Patrice mourut l'an 436 de la Passion de Notre-Seigneur, c'est-à-dire, l'an 465 de l'Incarnation et du style actuel : « *A Passione Domini nostri Jesu Christi colliguntur anni CCCC. XXX. VI. usque ad obitum Patricii* (3). »

Ce double et concordant témoignage, d'une source si ancienne, si grave, met fin au débat. Désormais la mort de saint Patrice doit rester fixée à l'an 465.

Or, nous avons établi ci-dessus (§ III) que Uinualoë avait dû naître de 462 à 467, soit, prenant l'année moyenne, justement en 465. Il se sépara de Budoc — nous le verrons tout à l'heure — à l'âge de vingt-un ans. Quand il forma le dessein d'aller en Irlande, il y avait donc environ vingt ans que Patrice était mort, ce qui répond bien au *non ante multum temporis* et ce qui permettait à Uinualoë de trouver encore vivantes, chez les Scots d'Hibernie, les traces et les traditions, les leçons et les prédications du grand apôtre, de façon à pouvoir s'en imprégner

---

(1) Voir *Analecta Bollandiana*, I, p. 543, et II, p. 35.
(2) *Ibid.*, I, pp. 542, 545, 548.
(3) *Ibid.*, I, p. 548, et II, p. 36.

à son tour « comme eût fait un bon disciple, *quasi discipulus egregius.* »

Nous venons de dire que Uinualoë, quand il quitta Budoc, avait vingt-un ans. Il était encore certainement dans la première jeunesse, car Wrdisten, dans la petite préface qui sert de transition entre le premier et le second livre de son œuvre, dit nettement : « Hactenus in isto libello pauca de plurimis quæ
» *in teneriori ætate* (Uinualoeus) peregerit signis... elucidare
» curavimus. Hæc autem quæ jam robustior ætate perfecerit...
» in subsequenti codice prosequemur (1). (Jusqu'ici, dans ce pre-
» mier livre, nous avons mis en lumière quelques-uns des
» miracles accomplis par Uinualoë *dans un âge très tendre;*
» dans le suivant nous y ajouterons ceux qu'il fit dans un âge
» plus robuste. » Ainsi tout le premier livre est consacré à la première jeunesse de Gwennolé; au dernier chapitre de ce livre, qui est sa séparation d'avec Budoc, il est donc encore *in teneriori ætate*, ce qui ne peut s'entendre d'un âge plus avancé que vingt ou vingt-deux ans.

Mais un peu plus loin nous trouvons une indication plus précise. Au chap. IX du livre II de son œuvre, Wrdisten annonce qu'il va parler du genre de vie de son héros durant la seconde partie de sa carrière, — celle qui s'écoula dans le monastère fondé par lui après s'être séparé de son maître (2), — et l'auteur commence ainsi : « *A vicesimo itaque et primo ætatis suæ*
» *anno* usque ad obitum suum nunquam in ecclesia visus est
» sedere (*Depuis sa vingt et unième année* jusqu'à sa mort,
» jamais on ne le vit s'asseoir à l'église). »

L'auteur fait ensuite un retour vers l'enfance de Uinualoë pour la rapprocher de son âge mûr et pour rappeler les vertus semées dès lors en son âme par la bonne discipline de Budoc. Puis revenant à son objet principal, c'est-à-dire à la vie de

(1) *Cartul. Landev.*, ms. f. 60 v°, édit. p. 52.
(2) « Dicturis igitur de ejusdem (Uinualoei) in eodem sancto loco mirabili conversatione... » (*Ibid.*, ms. f. 49 v°, édit. p. 72).

Uinualoë devenu chef d'une nouvelle famille monastique, il reprend ainsi : « *Ex illa ergo die qua locum suum construere* » *cœpit*, nunquam indumento laneo vestitus est aut lineo, sed » quibusdam caprinis induebatur pellibus (*Denuis qu'il com-* » *mença à construire son monastère*, jamais il ne porta vête- » ment de laine ou de lin, mais seulement de peaux de chèvre). »

Dans ces deux passages, l'expression : *A vicesimo primo ætatis suæ anno* du premier correspond évidemment à celle du second : *Ex illa die qua locum suum construere cœpit*. Ici *locus* semble traduire le breton *loc*, monastère, oratoire ; en tous cas ce mot marque le lieu propre de Uinualoë (*locus suus*), celui qu'il fonda et gouverna comme chef de communauté en quittant son maître. Le parallélisme de ces deux expressions montre que lors de cette séparation Uinualoë avait vingt-un ans (1), âge répondant parfaitement au *tenerior ætas* que Wrdisten lui attribue à la fin de son premier livre, c'est-à-dire juste au moment de cette séparation, comme nous l'avons vu plus haut.

La naissance de Uinualoë étant, nous le savons par approximation, de 465 ou 467, le fils de Fracan quitta l'île Laurée en 486-488.

Wrdisten ne dit pas explicitement si Uinualoë était prêtre quand il quitta Budoc. Toutefois il l'insinue quand, en parlant du régime alimentaire observé par le saint depuis la fondation

(1) Cf. Lobineau, *Vie des Saints de Bretagne*, in-fol., p. 44.— Le parallélisme et l'équivalence des deux expressions ci-dessus ressort encore de l'observation qui suit. Dans la grande Vie en prose de S. Uinualoë par Wrdisten, le chap. IX du livre II est intitulé : *De commemoratione quomodo a vicesimo ætatis suæ et primo vixerit anno*, et le chap. X : *De vestimento ejus cilicino*. La Vie abrégée en vers, qui est aussi de Wrdisten, a fondu ces deux chapitres en un seul (chap. XVIII), ayant pour titre : *Quomodo a vicesimo ætatis suæ et primo vixerit anno et de vestibus cilicinis* (*Cartul. Landev.* ms. f. 120 v°, édit. p. 111). Dans l'esprit de l'auteur, ce qu'il dit ici de l'habillement de Uinualoë se rapporte donc à sa vingt-unième année ; or la grande Vie déclare formellement (en tête du chap. IX, livre II) que Uinualoë commença à porter ce genre d'habillement le jour où il fonda son monastère : *ex illa die qua locum suum construere cœpit*.

de sa communauté, il rapporte que Uinaloë s'abstenait de pain de froment, « si ce n'est de ce qu'il en faut pour célébrer le saint » sacrifice (1). » Beaucoup de moines à cette époque se passaient de la prêtrise, mais il eût été, ce semble, peu prudent et peu convenable de donner à une nouvelle famille monastique un chef dépourvu de ce caractère. Pourtant, chez les Bretons comme dans les Gaules, la règle était alors de ne point conférer le sacrement de l'ordre à des sujets ayant moins de trente ans. Mais il y avait de fréquentes exceptions : puisque Budoc jugeait Uinaloë capable de fonder et de gouverner un monastère quoiqu'il fût encore *in teneriori œtate*, il le croyait évidemment digne du sacerdoce, et il dut le lui faire conférer avant leur séparation.

## VII

### F — Fondation de l'abbaye de Landevenec

De l'embouchure du Trieu, Uinaloë avec ses onze compagnons se dirigea vers l'Ouest, « à travers les contrées domnéennes » (*per Domnonicos pagos*, dit Wrdisten), marchant devant soi à l'aventure sans trop savoir où aller (2); puis inclinant vers le Sud, il atteignit, il suivit quelque temps « les frontières de la Cornouaille » (*circaque Cornubiæ confinium perlustrans*), et arriva ainsi au fond de la rade de Brest, au point où la rivière d'Aune et celle du Faou y déchargent leurs eaux. En mettant dans son récit les noms de Domnonée et de Cornouaille (*Cornubia*), Wrdisten parle selon la géographie du temps où il vivait, c'est-à-dire du IX$^e$ siècle : mais vers la fin du V$^e$, quand Uinaloë traversait ainsi l'Armorique, ces deux noms y existaient-ils déjà? Les deux royaumes ou

---

(1) « Panem triticeum, *nisi tantum ex quo confici sacrificium solebat*, non comedit » (*Cartul. Landev.*, édit. p. 73, ms. lat. 5610 A. f. 50 v°).
(2) « Ignarus quanam in parte se verteret » (*Vita S. Uinual.*, lib. II, cap. I, dans *Cartul. Landev.*, ms. f. 62, édit. p. 54).

principautés bretonnes qu'ils désignent étaient-elles formées? Pour la Domnonée la négative est certaine, nous le montrerons plus loin; pour la Cornouaille, nous nous en expliquerons tout à l'heure (au § IX ci-dessous).

Sortis d'une île-monastère, S. Gwennolé et ses compagnons tenaient à fonder leur monastère dans une île. D'après leur éducation et leurs habitudes, ils ne concevaient la vie cénobitique, ils ne la jugeaient possible, que si elle était gardée de toute part contre le contact du monde par la froide et profonde barrière des flots. C'est pourquoi, après avoir quitté l'île Laurée, ils marchèrent droit devant eux sans s'arrêter jusqu'à ce qu'ils eussent rencontré la mer; et quand ils l'eurent retrouvée, ils se jetèrent sur le premier îlot qui s'offrit à eux, — une toute petite île, à peu de distance du rivage, un peu au nord de l'embouchure de la rivière du Faou, et qui portait le nom singulier de Topepig, *insula Topepigia*, dit Wrdisten, aujourd'hui Tibidi (1).

Les douze moines y construisirent un modeste oratoire et, alentour, des logettes; ils bêchèrent et retournèrent le sol pour en faire un jardin. Fonds ingrat s'il en fut : l'îlot est une table rase entièrement nue, sans aucune protection contre le vent; le sol, une roche à peine couverte de terre, trop étroite pour sustenter les douze cénobites, dont, bon gré mal gré, pendant qu'ils furent là, la pêche dut être plus d'une fois contre la faim l'unique ressource. Sans abri, presque sans pain, ils passèrent là trois années très dures; enfin exténués de fatigue, ils se décidèrent à quitter ce roc ingrat; de leur îlot en regardant vers le sud-ouest, ils voyaient au delà des flots une côte chargée de bois; c'est là qu'ils se dirigèrent : il eût été difficile de trouver meilleur abri pour un nid monastique.

C'est une chersonèse en miniature, baignée au nord par la rade de Brest, à l'est par la rivière du Faou, au sud par l'Aune,

(1) Ce nom peut s'interpréter « Maison de prière, » du breton *ti*, maison, et *pidi*, prier, en composition *bidi*.—Voir *Cartul. Landev.*, ms. f. 69, édit. p. 60.

dont les eaux, rencontrant cette langue de terre jetée devant elles comme un barrage, sont obligées d'en suivre le contour pour arriver à la mer. Un isthme étroit relie, du côté de l'ouest, à la grande péninsule de Crozon, cette petite presqu'île dont le centre se creuse en une vallée courant de l'est à l'ouest, ouverte au seul vent d'orient. Sous sa bienfaisante haleine, sous la chaleur du soleil levant qui lui envoie dès le matin ses premiers rayons, cette heureuse vallée voit ses fleurs éclore dès l'aube du printemps, et ses arbres garder leurs feuilles jusqu'aux derniers jours d'automne : *Locus apricus et amœnissimus,* dit Wrdisten, *ab omni pene vento, excepto paululum orientali, intangibilis; velut quidam paradisus ad ortum solis splendide conspicuus, primum singulos per annos florés et germina erumpens, ultimo folia amittens : hortus omnigeno florum colore decoratus* (1).

Dans cette calme solitude, dans ce grand paysage d'eaux, de bois et de rochers, à l'entrée de cette heureuse vallée et presque au bord de la mer, Uinualoë s'établit avec ses disciples. Pour peindre la paix profonde de ce séjour, il l'appela *Lan Tevennec*, Église ou Monastère bien abrité (2); nous disons par euphonie Landevenec.

Quand Uinualoë aborda sur ce rivage, tout le canton était inhabité, inculte, couvert de bois et de halliers formant une vaste forêt (3). Ses disciples commencèrent donc par s'armer de cognées pour jeter bas ces grands arbres et faire dans cette forêt de larges clairières. Puis, de bûcherons devenant charpentiers, les uns équarrirent avec la doloire les troncs abattus, dont ils firent les murailles de leur église et de leurs cellules monas-

---

(1) *Cartul. Landev.*, édit. pp. 65-66.
(2) *Lan*, église ou monastère, en ancien breton; *téven*, abri : le *locus apricus* de Wrdisten n'en est que la traduction.
(3) « Et hymno dicto (Uinualoeus et socii) ingredientes sylvam pergrandem super ora littoris sitam, lustrantesque vallem, invenerunt in medio ejus fundum arcuatis utrinque montibus et saltibus intercisum, silvis dumisque rupibusque ex uno latere circumseptum, ex altero mari et fluvio terminatum » (*Cartul. Landev.*, ms. f. 73, édit. pp. 64-65).

tiques, pendant que d'autres cultivaient le sol ainsi nettoyé et le préparaient à recevoir la semence (1).

La date de la fondation de Landevenec est — par approximation — facile à fixer. Uinualoë ayant quitté Budoc, nous l'avons vu, de 486 à 488, et ensuite séjourné avec ses moines environ trois ans (*in tribus annis*) sur l'île Topepig, c'est au cours de la troisième année après son départ de l'île Laurée que cette colonie monastique alla s'installer de l'autre côté de l'Aune dans la forêt de Landevenec, c'est-à-dire de 489 à 491.

Nous ne pouvons malheureusement nous attarder, du moins en ce moment, au tableau si attrayant de la fondation d'un monastère breton de l'époque primitive. Mais un point indispensable à mettre en lumière, c'est que Uinualoë et ses moines s'établirent là comme dans une terre vierge, inhabitée et sans maître, à titre de premiers occupants. Cela ressort nettement de tout le récit de Wrdisten : nul ne leur en dispute la propriété, nul n'a la prétention de la leur concéder.

Nous verrons tout à l'heure, en parlant des rapports de Uinualoë avec Gradlon, roi de Cornouaille, que ce prince, constamment honoré par nos anciens historiens, par les moines de Landevenec eux-mêmes, du titre de fondateur de cette abbaye, n'y a en réalité aucun droit. Ses prétentions ne trouvent plus aujourd'hui guère de partisans. Mais nous devons dire un mot d'un autre prétendant qu'on voudrait lui substituer.

Il y a vingt et quelques années, un honnête docteur de Châteaulin, pour occuper ses nombreux loisirs s'étant improvisé historien, se prit, on ne sait pourquoi, d'une haine féroce contre le pauvre roi Gradlon et jura d'exterminer ce qu'il appelait burlesquement le *gradlonisme*, système jusque-là ni vu ni ouï, et qu'il avait inventé tout exprès pour le combattre. Cette *grallonophobie* — véritable cas pathologique — força le brave

(1) « Omnes ad laborem amantissimum prodeunt, in omne opus monasteriale partiti. Nam quidam cum sarculis terram proscindere, quidam cum securibus ligna concidere, dolatoriis planare, etc. » (*Ibid.*, édit. p. 67).

docteur d'expectorer un volume fort indigeste — indiscutable parce qu'il est illisible et inintelligible, — mais dont le lecteur pourra juger la méthode et la critique sur le simple échantillon qui suit.

Le docteur proteste — après bien d'autres — contre la qualité de fondateur de Landevenec attribuée à Gradlon, et en cela il a raison. Mais pour pulvériser définitivement les prétentions de ce prince sur ce titre, il imagine de le transporter à un comte Romélius, dont on ne sait absolument rien sinon qu'il fut le père de Guenaël, successeur de Uinualoë comme abbé de Landevenec. Le seul document que l'on pourrait alléguer à l'appui de cette opinion est une notice de notre Cartulaire, portant qu'un saint personnage appelé Morbret donna à S. Uinualoë (ou plus exactement au monastère placé sous son patronage, c'est-à-dire à Landevenec) une terre ainsi désignée : « *Languenoc, here-* » *ditas sancti Uuenhaeli*, qui primus post sanctum Uuingua- » loeum abbas fuit (1). » — Selon le docteur, *Languenoc* ou *Lanvenoc* est certainement *Landevenec;* puisque ce domaine était le patrimoime héréditaire de Guenaël, il avait appartenu à son père Romélius : donc c'est Romélius qui le donna à Uinualoë, pour y établir son monastère.

Tel est le raisonnement du docteur (2). Voici nos observations.

---

(1) *Cartul. Landev.*, ms. f. 156 r° et v°, édit. p. 163.

(2) C'est du moins le seul fondement spécieux que l'on puisse donner aux affirmations suivantes répétées à satiété : « Romélius, Lætitia (sa femme) et » Guennaël sont bien, avec Guénolé, les fondateurs de Landevenec » (*L'Armorique bretonne, celtique romaine et chrétienne*, etc., par le Dr Halléguen, 1865, t. I, p. 212). — « Romélius aura donné à saint Guenolé Thopopège, puis *Lan-* » *venoc*, plus abrité, plus agréable, qui signifie chapelle, monastère de *Guennoc* » (*Venoc* pour *Guénolé*), qui a passé à la presqu'île et à la trève de *Lanvéoc* (!). » Le mot se retrouve sous les formes de *Lantewennoc, Lantewennuc*, dans les » chartes du Cartulaire, appliquées à Landévennec lui-même » (*Ibid.*, p. 213). — « Saint Guénolé a des rapports avec le comte Romélius, qui lui donne tour » à tour Thopopège, Landévennec, enfin tout ce qu'il a de plus précieux, son » seul fils Guennaël » (*Ibid.*, p. 219). — Le docteur nous rapporte même les propres paroles de Romélius à Gwennolé pour l'engager à passer de l'île de Topepig (ou Topopège) sur la langue de terre où il fonda Landevenec : « Eh bien! bon moine, le bien venu (lui-dit-il), passez sur la terre voisine en » face, site délicieux, *où j'ai une charmante villa*, que vous agrandirez à loisir » aux dépens des bois voisins et où vous trouverez le repos. » Et pour que nul

D'abord, puisque c'est Morbret, possesseur de l'héritage de Guenaël, — après Guenaël, nécessairement, — qui donne ce domaine au monastère de S. Uinualoë, le monastère ne possédait pas ce domaine auparavant; donc il ne le tenait pas du père de Guenaël; donc, enfin, ce domaine ne pouvait être Landevenec, qui nécessairement appartenait au monastère de S. Uinualoë depuis sa fondation, puisque c'est là même qu'avait été fondé ce monastère.

Pour deux autres raisons encore, Languenoc ne pouvait être Landévenec : d'abord, parce que Lan-*guenoc* ou Lan-*guennoc* est nom tout différent de Lan-*tevennec*; puis, parce que la seule pièce où il en est question place formellement ce domaine dans la trève (*tribus*) de *Lan-Riworoë* ou *Lan-Riwole*, qui est incontestablement la paroisse encore existante de Lanrivoaré, aujourd'hui commune du canton de Saint-Renan, arrondissement de Brest (Finistère), à plus de 30 kilomètres de Landevenec, et où on trouve encore ce village de *Languenoc* sous le nom, un peu modifié mais identique au fond, de *Lanvenec*.

n'en doute, le docteur ajoute solennellement : « Ceci est de l'histoire vraie au fond, mais méconnue, et pour quels rêves, pour quel roman ! » (*Ibid.*, p. 212). — Or, non seulement ce discours de Romélius est absolument imaginaire, mais cette « charmante villa » est un démenti formel à Wrdisten (seule source historique), qui peint formellement la presqu'île de Landevenec, quand Uinualoë y arriva, déserte et toute couverte de bois et de halliers. — Joignez à cela qu'il n'existe pas un fait ni un texte ancien qui porte ou seulement induise à croire que Romélius ait jamais fait aucune, mais aucune donation quelconque à Uinualoë, ni même ait eu avec lui aucun rapport personnel, car la Vie de saint Guenaël affirme formellement que ce dernier suivit Uinualoë, *ignaris parentibus*, et refusa de retourner près de ses parents, et elle ne dit pas que ceux-ci se soient depuis lors inquiétés de lui. Elle ne dit point non plus que Guenaël fût fils unique. Enfin, quoique le docteur s'acharne à faire Romélius comte de Cornouaille, ou même d'un *comté Osismien* de son invention comprenant la Cornouaille et le Léon, le seul texte que nous ayons sur Romélius, en tête de cette Vie de saint Guenaël, porte ceci : « *Fuit quidam comes Romelius nomine in regione Britannica, nobilibus ortus parentibus, ab infantia Deo bonis studens operibus deservire, et uxor ejus nomine Lætitia. Quibus parentibus datur infans nomine Guennaelus* » (Bibl. Nat., ms. fr. 22321, p. 721). Rien de plus. — Quand on voit le facétieux docteur déclarer solennellement que toutes ces inventions sorties de sa cervelle sont « de l'histoire vraie, » il est clair que la critique, ne trouvant même pas là le principe d'une discussion sérieuse, ne peut perdre son temps à examiner de telles fantaisies.

Après cet édifiant spécimen de la méthode du docteur, on nous permettra sans doute, — sauf des cas tout à fait exceptionnels, — de ne plus nous préoccuper de ses gambades ni de sa grallonophobie, qui relèvent certainement de la science médicale plutôt que de la critique historique.

## VIII

### G — Uinualoë au monastère de Landevenec
### Époque de sa mort

Pour donner une idée générale, mais hélas! bien imparfaite, de la seconde partie de la carrière de Uinualoë, obligé que nous sommes de nous restreindre, du moins en ce moment, aux discussions critiques, — force nous est d'user du moyen déjà employé ci-dessus (p. 330) pour la première partie de cette belle vie, et de nous borner à donner, chapitre par chapitre, le sommaire de l'œuvre de Wrdisten.

### LIVRE II

Chap. I. — Éloge de Uinualoë, dont la vie très excellente et très austère ne peut servir de règle, parce qu'elle surpasse la mesure ordinaire des forces humaines. — Exhortation de Uinualoë à ses disciples (*Cartulaire de Landevenec*, ms. f. 61 v°, édit. p. 54).

II. — Suite de l'éloge de S. Uinualoë : parmi ses vertus principales on nomme, entre autres, le don de prophétie et la liberté de parole en face des puissants de la terre, *libertas vocis contra terrenas potestates* (*Ibid.*, ms. f. 64 v°, édit. p. 57).

Ces deux premiers chapitres sont beaucoup plus mystiques qu'historiques.

III. — Uinualoë s'installe avec ses moines dans l'île Topepig (aujourd'hui Tibidi), lieu stérile et incommode, où ils restent trois ans (*Ibid.*, ms. f. 69, édit. p. 60).

IV. — Ils passent de Topepig à Landevenec, en traversant à pied sec le bras de mer qui sépare ces deux localités. — Hymne d'actions de grâces en vers latins (*Ibid.*, ms. f. 70 v°, édit. p. 62).

V. — Entrée de Uinualoë et de ses disciples dans la forêt de Landevenec; description de ce site (*Ibid.*, ms. f. 73, édit. p. 64).

VI. — Travaux des moines de Landevenec pour défricher la forêt et élever leur monastère. Jolie comparaison de ces travaux à ceux des abeilles (*Ibid.* (1), ms. f. 45, édit. p. 66).

VII. — Uinualoë, l'eau douce manquant à Landevenec, y fait sourdre une fontaine (*Ibid.*, ms. f. 46, édit. p. 67).

VIII. — Combat de Uinualoë contre le diable, déguisé en monstre fantastique (*Ibid.*, ms. f. 47, édit. p. 69).

IX. — Régime de vie de Uinualoë depuis l'âge de vingt et un ans. Ses prières (*Ibid.*, ms. f. 49 v°, édit. p. 72).

X. — Ses vêtements et son coucher (*Ibid.*, ms. f. 50 v°, édit. p. 73).

XI. — Ses aliments et ses jeûnes (*Ibid.*, ms. f. 50 v°, édit. p. 73).

XII. — Sa boisson. Discipline des moines de Landevenec depuis l'époque de Gradlon jusqu'en 818 (*Ibid.*, ms. f. 51 v°, édit. 74).

XIII. — Diplôme de Louis le Débonnaire, de l'an 818, prescrivant l'introduction de la règle de saint Benoît dans le monastère de la Bretagne Armorique, jusque-là soumis à la discipline des Scots (*Ibid.*, ms. f. 52 v°, édit. p. 75).

XIV. — Psalmodie et vie angélique de Uinualoë (*Ibid.*, ms. f. 53, édit. p. 77).

XV. — Gradlon, roi de Cornouaille, vient rendre visite à

(1) Une lacune existant actuellement dans le manuscrit original du Cartulaire de Landevenec depuis ce chapitre VI jusqu'au chapitre XVI inclusivement, nous indiquons pour ces chapitres les folios du ms. lat. 5610 A de la Bibliothèque Nationale.

Uinualoë, auquel il offre des trésors et des terres (*Ibid.*, ms. f. 53 v°, édit. p. 78).

Ce chapitre et les six suivants, jusqu'au chap. XXI inclusivement, sont écrits en vers latins hexamètres.

XVI. — Uinualoë refuse les dons de Gradlon et exhorte ce prince à mener une vie chrétienne (*Ibid.*, ms. f. 54, édit. p. 79).

XVII. — Le roi Gradlon se soumet aux conseils de Uinualoë (*Ibid.* (1), ms. f. 89 v°, édit. p. 80).

XVIII. — Donation faite à Uinualoë par Rioc, l'un de ses disciples (*Ibid.*, ms. f. 89 v°, édit. p. 81).

XIX. — Grandeur et noblesse de la Cornouaille (*Ibid.*, ms. f. 90, édit. p. 81).

XX. — Oppression de la Cornouaille (*Ibid.*, ms. f. 91, édit. p. 82).

XXI. — Sa future restauration (*Ibid.*, ms. f. 92, édit. p. 84).

XXII. — La mère de Rioc, l'un des moines de Uinualoë, est ressuscitée par les mérites de ce dernier (*Ibid.*, ms. f. 92, édit. p. 84).

XXIII. — Vol de grains commis à Landevenec par les trois fils de Catmagl, que Dieu frappe, pour les punir de diverses infirmités (*Ibid.*, ms. f. 94, édit. p. 86).

XXIV. — Ces trois voleurs, guéris et convertis par Uinualoë restent à son service dans son monastère (*Ibid.*, ms. f. 96 v°, édit. p. 88).

XXV. — Réflexions pieuses sur l'histoire des fils de Catmagl (*Ibid.*, ms. f. 100 v°, édit. p. 91).

XXVI. — Uinualoë fait déplacer les bâtiments du monastère de Landevenec, à la prière de ses moines, parce que dans le lieu où ils étaient d'abord nul ne pouvait mourir (*Ibid.*, ms. f. 103, édit. p. 93).

---

(1) A partir d'ici, nous reprenons l'indication des folios du manuscrit original du Cartulaire de Landevenec.

XXVII. — Une noble dame devenue aveugle recouvre la vue par les mains et les mérites de Uinualoë (*Ibid.*, ms. f. 108, édit. p. 97).

XXVIII. — Un ange annonce à Uinualoë sa mort prochaine. Ses dernières exhortations à ses moines (*Ibid.*, ms. f. 110, édit. p. 99).

XXIX et dernier. — Mort de Uinualoë, revêtu de ses ornements sacerdotaux, devant l'autel où il vient de célébrer la messe, au milieu de ses moines qui l'assistent et chantent avec lui les louanges de Dieu (*Ibid.*, ms. f. 113, édit. 101).

Voici comme Wrdisten, dans le dernier chapitre de son second livre, marque le jour de la mort de son héros :

« Sanctus itaque Uuinualoeus, senex venerabilis, dominus et eximius monachorum pater, plenus dierum, ita ut dictum est, *quinto nonas Martias, quarta feria in prima Quadragesimæ ebdomada*, integer et corpore et mente, obiit. »

Cela veut dire qu'il mourut un mercredi, qui était celui de la première semaine de Carême et le troisième jour du mois de mars. Dans le langage liturgique, la « première semaine du Carême » est celle qui commence le premier dimanche de la sainte quarantaine. Pour que le mercredi de cette semaine soit le 3 mars, il faut que la fête de Pâques tombe le 11 avril. Dans le siècle qui suivit l'an 465, date de la mort de S. Patrice et date très approximative de la naissance de S. Uninualoë, les années où Pâques fut le 11 avril sont les suivantes : 499, 510, 521, 532, — et cela dans les divers systèmes de computation ecclésiastique en usage à cette époque, aussi bien dans celui de Victor d'Aquitaine, suivi par les Bretons, que dans celui de Denys le Petit et du cycle de 84 ans (1).

Wrdisten appelle Uinualoë « vieillard vénérable » et dit qu'il mourut « plein de jours » (*senex venerabilis, plenus dierum*),

---

(1) Comme l'a très bien fait observer le R. P. de Smedt; voir *Analecta Bollandiana*, t. VIII, p. 249, note.

expression qui implique au moins quelques années au-dessus de la soixantaine. C'est pourquoi, des quatre années ci-dessus où Pâques est le 11 avril, la dernière seule convient, 532 : date où Uinualoë avait au moins soixante-sept ans, et peut-être atteignait à soixante-dix, car il pouvait bien être né dès 462.

L'an 532 doit donc être adopté comme date de la mort de Uinualoë; et aussi l'a-t-il déjà été par deux hommes, entre autres, d'une haute autorité en telle matière, dom Lobineau au siècle dernier (1), et tout récemment le R. P. de Smedt (2).

## IX

### Relations de S. Uinualoë avec le roi Gradlon.

Les textes de Wrdisten relatifs au roi Gradlon sont le plus ancien document venu jusqu'à nous, depuis l'époque romaine, sur l'histoire civile de la Cornouaille armoricaine. Ils méritent donc d'être examinés avec grand soin. Ils se composent des chapitres xv, xvi, xvii, xviii du livre II de la grande Vie de S. Uinualoë, écrits en vers latins; de plus, dans le chap. xii du même livre, on trouve une mention incidente de Gradlon, dont il est aussi question au chap. xxii de la Vie abrégée en vers, et dans la leçon ix de l'Office composé par Wrdisten (3).

Nous écartons ici entièrement et tenons pour non avenues — sauf à les examiner plus tard — toutes les mentions de Gradlon contenues dans les prétendues chartes de la seconde partie (la partie *diplomatique*) du Cartulaire de Landevenec, et en général tout ce qui, dans cette seconde partie, concerne l'époque antérieure au X<sup>e</sup> siècle. Non seulement les notions de cette partie du Cartulaire relatives aux temps antérieurs à Wrdisten ne

(1) Dans ses *Vies des Saints de Bretagne*, 1725, in-f°, p. 46.
(2) Au t. I<sup>er</sup> de Novembre des *Acta Sanctorum*, article de *S. Guenaël*.
(3) *Cartul. de Landév.*, édition de la Société archéologique du Finistère, pp. 78 à 81, et pp. 75, 113 et 133.

procèdent point de cet auteur ni des documents ou des traditions anciennes sur lesquels il a écrit, mais elles sont opposées, nous le verrons, aux traits essentiels de son récit.

Avant d'étudier ce récit, il importe de fixer autant que possible l'époque de l'événement qu'il retrace, c'est-à-dire de la visite de Gradlon à Uinualoë.

Par l'analyse sommaire du second livre de Wrdisten, donnée au chapitre précédent, on voit qu'entre l'arrivée des moines de S. Uinualoë dans la forêt de Landevenec et leurs travaux de défrichement, de construction, d'installation en ce lieu, racontés aux chap. V, VI, VII du livre II, — entre ce récit et celui de l'entrevue du saint avec Gradlon (chap. XV-XVIII), l'auteur ne rapporte aucun événement ou incident de la vie de son héros (1), mais se borne à nous faire connaître, dans six petits chapitres (IX à XIV), son régime de vie et la discipline de son monastère jusqu'à l'introduction de la règle bénédictine dans cette maison, en 818. A la fin du chap. XIV Wrdisten dit, en une phrase, — sans indiquer aucun fait spécial, — que la charité du saint, les guérisons opérées par lui avaient répandu son nom dans toute la Bretagne (*per omnem Britanniæ regionem*), et immédiatement après il entame l'épisode de Gradlon, en nous montrant ce prince, dès que le nom du saint vient jusqu'à lui, pressé du désir de le voir et y cédant. Ainsi, entre l'arrivée de Uinualoë à Landevenec et la visite de Gradlon on ne peut placer autre chose que la construction du monastère, l'installation de la communauté, la diffusion jusqu'à *Corisopitum* (Quimper) du renom déjà célèbre de Uinualoë. Mettons pour cela, si l'on veut, deux ou trois ans : de 490 environ cela nous porte à 492 ou 493, 495 tout au plus, en tous cas, dans les toutes premières années de la fondation de Landevenec.

Je sais bien que, dans la seconde partie du Cartulaire, le fabricant de la première charte attribuée à Gradlon lui fait dire

---

(1) On nous permettra de ne pas tenir compte du combat fantastique de Uinualoë contre le diable qui remplit le chap. VIII du livre II (*Cartul. Landev.*, édit. pp. 69-72).

qu'il désirait *depuis longtemps* voir S. Uinualoë (1). Mais j'ai déjà récusé ce genre de pièces. Il faut se garder de mettre sur la même ligne ce qui diffère essentiellement : l'œuvre de Wrdisten est un document sérieux, dont la critique ne peut méconnaître l'autorité dans la mesure où nous l'avons déterminée (voir notre § I). Les chartes de Gradlon sont des actes apocryphes et par conséquent suspects ; on ne peut les opposer à Wrdisten — là où elles le contredisent — qu'au mépris des règles élémentaires de la critique.

Voici en quels termes celui-ci nous présente Gradlon :

« Dans le même temps, la renommée de Uinualoë volait jusqu'au roi Gradlon, qui de son sceptre souverain gouvernait le pays des Cornubiens, situé vers l'Occident. Un grand état, dont il avait reculé les limites, lui était soumis. Le front ceint d'un diadème, paré des richesses enlevées aux pirates du Nord, après les guerres cruelles où il avait accablé cette race ennemie, il surpassait en puissance tous [ses voisins]. Il avait tranché la tête à cinq de leurs chefs, pris cinq de leurs bâtiments, brillé et triomphé en cent combats. Le fleuve de Loire en avait été témoin, car c'est sur ses bords que s'étaient livrées ces grandes batailles (2). »

---

(1) « Ego Gradlonus, gratia Dei Britonum rex necnon ex magna parte Francorum, cupiebam videre sanctum Dei Uingualoeum *ex multis temporibus*; idcirco obvius fui illi per viam in loco qui vocatur Pulcarvan » (*Cartul. Landev.*, ms. f. 142, édit. p. 146). Bien entendu, le docteur de Châteaulin préfère l'*ex multis temporibus* au récit de Wrdisten.

(2) Interea ad regem volitabat fama Gradlonum,
Celsi qui summa tenuisset culmina sceptri
Occiduae partis, moderator Cornubiorum :
Magnum cui suberat protracto limite regnum,
Normannumque gazis, redimitus tempora mitra,
Detractis fulget, cunctisque potentior, ipsa
Barbara prostratae gentis post bella inimicae.
Jam tunc quinque ducum truncato vertice, cyulis
Cum totidem, claret centenis victor in armis.
Testis et ipse Liger fluvius est, cujus in albis
Acta acriter fuerant tunc ripis prælia tanta.
(*Cartul. Landev.*, édit. p. 78).

Le nom de Normands donné ici (5ᵉ vers) aux pirates du VIᵉ siècle, qui ne pouvaient être que des Saxons, n'a rien d'étonnant. A l'époque de Wrdisten, on appelait Normands sans distinguer (et au besoin, comme ici, rétrospectivement) tous les pirates.

Nous reviendrons sur ces dix vers qui contiennent à peu près tout ce qu'on a d'authentique sur Gradlon, — ce qu'on sait de lui par ailleurs n'étant ni aussi ancien ni d'une source aussi autorisée. Mais il faut voir d'abord la rencontre entre le prince et le saint. L'auteur continue ainsi :

« Donc, pressé d'un vif désir de voir Uinualoë, le roi s'avance tremblant et tombe prosterné [devant lui] : — « Quels présents peuvent te toucher, lui dit-il? J'ai une grande richesse, une grande puissance, de vastes territoires, des trésors remplis d'or et d'argent, nombre d'excellents vêtements, et beaucoup d'autres objets reçus en présent. Ce que je te donnerai, nul n'y touchera ; nul ne pourra rien changer à mes dispositions : tu jouiras à jamais de tous mes dons, comme s'ils étaient émanés du ciel lui-même (1). »
Le saint lui tendant la main le relève et d'un air riant lui répond : — « O roi, est-ce un piège que tu as voulu me tendre, avec tes dons? Si j'attachais quelque prix à toutes ces vanités, serais-je allé m'ensevelir dans le désert, dans le creux des vallées et jusqu'au fond des cavernes? N'eût-il pas bien mieux valu rester vivre sur les domaines de mon père (*regnis paternis*) que de déchirer le sol avec la houe, le corps plié en deux, pour en tirer une maigre pitance? Non, je ne me laisserai pas séduire par ces richesses périssables, si abondantes qu'elles soient : je sais trop que celui qui s'y attache court grand risque d'être exclu des richesses éternelles (2). »

Donc, à tous les dons, à toutes les offres magnifiques du roi Gradlon, le saint oppose un refus absolu. En retour, il lui adresse un beau sermon qui ne tient pas moins de cinquante vers, pas mal tourné en son genre, auquel nous reviendrons plus loin, et dont le fond consiste à dire au prince, avec une grande énergie, parfois avec une vraie éloquence, que toute sa puissance n'est

---

(1) Ergo dehin cupidus, sanctum conductus amore
Visendi, graditur pavidus, at pronus adorat,
Talia commemorans : Quæ nam te munera placant?
Etc... (*Ibid.*, p. 78).
(2) *Ibid.*, p. 79.

rien, que ses richesses l'aideront beaucoup... à aller en enfer, qu'il y ira certainement s'il fait le mal, et n'évitera sa perte qu'en s'humiliant et se convertissant au bien (1).

L'effet de cette harangue, selon Wrdisten, fut instantané; le prince répondit au moine immédiatement : « Ami du Christ » qui est Dieu, je suis prêt à faire tout ce que tu m'ordonneras » pour le service du Très-Haut. » Et depuis lors, docile aux enseignements de Uinualoë, il montra dans l'exercice de son pouvoir beaucoup de modération et de justice (2).

La scène de l'entrevue ne finit pas là : un des moines de Landevenec appelé Rioc, tendrement attaché à Uinualoë, y assistait. Voyant son maître repousser tous les trésors, tous les grands biens que lui offrait le roi, il prit ce temps pour le prier d'accepter un petit domaine qui avait appartenu à son père. Ce don était peu considérable, *donum preparvum*, dit Wrdisten : peut-être pour cette raison, et surtout pour ne pas contrister l'affection du bon Rioc, Uinualoë après quelque résistance se rendit à son désir. Le roi, lui, repoussé sur toute la ligne, en voyant la préférence accordée sur lui à ce petit moine, eût eu lieu d'être froissé : il n'en fut rien ; au contraire, il confirma de bonne grâce la donation qui venait d'être faite devant lui, et « Uinualoë devint possesseur du domaine de » Rioc avec l'agrément et l'approbation de Gradlon, — de ce » Gradlon (ajoute en terminant Wrdisten), qui sur tout le pays » de Cornouaille brilla comme un phare splendide (3). »

Telle fut, d'après Wrdisten, l'entrevue de Gradlon et de Uinualoë. On a là, condensée en un seul événement, en un seul récit, l'histoire des relations plus ou moins longues entretenues par ces deux personnages, lesquelles ne se bornèrent certai-

---

(1) *Cartul. Landev.*, édit. pp. 79-80.
(2) *Ibid.*, p. 80-81.

(3) Hæc tribuente capit gratulanti rura Gradlono,
Splendida qui cunctæ patuit patriæ ipse lucerna.
(*Cartul. Landev.*, ms. f. 90, édit. p. 81).

nément pas à une seule rencontre. Sauf l'emphase inséparable du style poétique, il n'y a rien d'invraisemblable dans cet épisode, rien qui puisse autoriser à en révoquer en doute les traits essentiels.

Un de ces traits les plus notables qu'il importe de mettre en relief, c'est le refus absolu et inflexible opposé par le saint à tous les dons, à toutes les largesses du roi Gradlon. Il existe, on le sait, certaines Vies de fondateurs d'églises ou d'abbayes, récrites, comme celles de saint Uinualoë, deux ou trois siècles après la mort de leurs héros et dont l'objet principal semble être de fournir des titres à ces abbayes et à ces églises pour la défense de leurs droits et de leurs domaines temporels, en en faisant remonter l'origine à la fondation première ou du moins à une haute antiquité. Les documents de ce genre sont suspects et à bon droit, la préoccupation de leurs auteurs étant tout autre que le respect de la vérité. Mais une œuvre hagiographique absolument à l'abri de ce reproche, c'est celle de Wrdisten : sauf la petite donation de S. Rioc (*donum preparvum*), impossible de trouver dans cette prolixe biographie mention d'aucune libéralité faite par qui que ce soit à Uinualoë ou à sa communauté. Wrdisten met même une vraie ostentation à proclamer, en face des offres si empressées de Gradlon, l'abstention persistante de Uinualoë.

De là une première conséquence : c'est qu'au temps de Wrdisten, au IX$^e$ siècle, l'abbaye de Landevenec ne possédait aucun bien dont elle fît remonter l'origine à une concession de Gradlon. Pour qui se rend un compte exact de la façon dont s'opéra, aux V$^e$ et VI$^e$ siècles, la colonisation de la péninsule armoricaine par les émigrants de l'île de Bretagne, il n'y a là rien d'étonnant. A la fin du V$^e$ siècle, la péninsule abondait en terres désertes : les émigrés insulaires débarquant sur la côte, trouvant devant eux des territoires qui n'étaient habités, cultivés, ni possédés par personne, s'y installaient du droit de premier occupant, y fondaient soit un *plou* soit un *lan* (un monastère), défrichaient la terre tout autour d'eux : puis quand les émigrés se trouvaient assez nombreux sur ce point de l'Armorique pour former entre eux une association politique, une petite principauté, le *plou* ou le *lan* entrait dans cette société avec tous les droits et les territoires qu'il s'était appropriés, et reconnaissait volontairement comme prince le chef qu'elle s'était donné.

C'est ce qui arriva pour Landevenec. Uinualoë et ses moines, arrivant là, avaient trouvé inculte, couvert de bois, tout le pays de Crozon, tout le littoral du fond de la rade de Brest. Du droit de premier occupant ils s'y étaient installés, ils avaient défriché autour d'eux les terres les plus fertiles et se les étaient appropriées par droit de culture, avaient pris possession de la forêt. Puis quand Gradlon, reconnu chef de la plus grande partie des émigrés bretons établis dans le sud-ouest de la péninsule, avait appris l'importance du nouvel établissement formé sur la rade de Brest, il y était allé, sans doute pour vénérer le fondateur, mais surtout pour le gagner à lui, l'attirer dans son parti, l'amener à reconnaître sa souveraineté. De là ses prévenances, ses offres magnifiques à Uinualoë. Le désintéressement du moine frappa le prince d'étonnement et le soumit à l'ascendant, à la direction morale du cénobite. Celui-ci, trouvant le prince docile à ses inspirations, ne put hésiter à l'accepter pour souverain : le monastère de Landevenec entra ainsi par voie d'accession dans les états de Gradlon, mais il y entra avec tous ses droits acquis, c'est-à-dire avec toutes les terres, tous les domaines que les moines s'étaient dès lors appropriés par la culture ou la prise de possession. Gradlon n'eut là rien à confirmer, rien à reconnaître : il accepta les choses en l'état, ni plus ni moins. Et il le savait si bien lui-même, que pour se créer des droits plus effectifs, il offrait les dons si beaux que Uinualoë refusa.

Conclusion : au IXe siècle Gradlon n'était considéré ni comme fondateur de l'abbaye de Landevenec, ni comme donateur d'aucune partie de ses droits et de ses domaines temporels : là-dessus on en doit croire Wrdisten qui, abbé de ce monastère, ne pouvait être tenté d'amoindrir l'illustration de ses origines. Notons même que sa franchise sur ce point est une sérieuse garantie de sa véracité. Il dit ce qu'il sait vrai : que Gradlon fut l'ami de Uinualoë, le protecteur de sa maison, — le fondateur ou dotateur (1), jamais.

Cependant toute la tradition du moyen âge a attribué à Gradlon la fondation de Landevenec? Oui, mais seulement depuis le XIe siècle, depuis qu'a été écrite la seconde partie, la partie *diplomatique* de notre Cartulaire, où on ne trouve pas moins de vingt pièces présentant Gradlon comme donateur de tous les domaines anciens de l'abbaye. Par où il est évident que ce sont les moines du XIe siècle, fabricants-rédacteurs de ces chartes, qui ont inventé cette tradition, non en suivant ou en développant le récit de Wrdisten, mais au contraire en le niant, en lui opposant une contradiction aussi intéressée que mensongère. Sans insister pour l'instant, — on voit tout de suite quelle autorité pourraient avoir les allégations que l'on tirerait de ces pièces fantaisistes pour les opposer à Wrdisten.

Enfin, que savons-nous de Gradlon?

Wrdisten, en lui donnant le titre de roi, restreint-il son pouvoir à l'angle sud-ouest de la péninsule, à la Cornouaille, — ou voit-il en lui, à tort, un roi de toute la Bretagne?

Dans les cinq chapitres relatifs à son entrevue avec Uinualoë, il ne voit en lui certainement que le chef de la Cornouaille : *Occiduæ partis moderator Cornubiorum* (2). Mais, dans le chap. XII du livre II de l'œuvre de Wrdisten, parlant de la discipline instituée par le saint à Landevenec, l'auteur dit qu'elle s'y maintint depuis Gradlon jusqu'à Louis le Débonnaire, — ce que, dans son état actuel, le texte exprime ainsi : « Ab illo tempore » quo Gradlonus, quem appellant Magnum, *Britanniæ tenebat*

---

(1) Forgeons ce mot aisé à comprendre, et qui épargne une périphrase.
(2) *Cartul. Landev.*, édit. p. 78, ms. lat. 5610 A, f° 53 v°.

» *sceptrum*, usque ad annum Hlodouuici piissimi Augusti
» imperii quintum (1). » Ici Gradlon devient roi de la Bretagne
entière; mais le mot *Britanniæ* substitué à *Cornubiæ* est une
interpolation des scribes du XI<sup>e</sup> siècle. En voici la preuve :
dans la Vie abrégée en prose de Uinualoë, Wrdisten parlant
de Gradlon le nomme « Gradlonus, *Cornubiæ* rex : » c'est la
leçon du manuscrit original de notre Cartulaire (2), dont le scribe
a oublié, en ce lieu, de remplacer *Cornubiæ* par *Britanniæ*.
Mais le manuscrit latin 5610 A de la Bibliothèque Nationale,
soigneusement revisé, n'a pas cet oubli, il met ce passage d'accord
avec l'interpolation du chap. xii du livre II de la grande Vie,
et il porte : « Gradlonus, *totius Britanniæ* rex. » Ici la
substitution de *Britanniæ* à *Cornubiæ* est prise sur le fait et
prouve que, dans l'autre passage (liv. II, chap. xii), *Britanniæ*
a remplacé *Cornubiæ* par une fraude du même genre. — Donc,
au témoignage de Wrdisten, Gradlon était seulement roi de
Cornouaille.

Par ce mot de Cornouaille, Wrdisten entend évidemment la
Cornouaille de son temps, l'évêché de Quimper (*Corisopitum*) du
IX<sup>e</sup> siècle, avec les limites gardées par lui jusqu'en 1789; et il
l'appelle *Cornubia*, forme la plus ancienne du nom, qui exclut
l'espèce de calembour (*Cornugallia, Cornugalliæ, Cornu Galliæ*)
par lequel quelques chroniqueurs français des X<sup>e</sup> et XI<sup>e</sup> siècles
sont arrivés à appliquer ce nom à toute la Bretagne comme
formant l'angle ou, si l'on veut, la *corne de la Gaule*. Cette forme
*Cornubia, Cornubienses, Cornubii*, exclusivement employée
par Wrdisten, rattache directement ce nom à sa vraie origine,
c'est-à-dire à celui de la grande tribu des *Cornavii, Cornabii*

---

(1) *Ibid.*, édit. p. 75; ms. lat. 5610 A, f<sup>o</sup> 52. Actuellement, dans le manuscrit original du Cartulaire de Landevenec, le feuillet qui contenait ce passage a disparu, mais probablement il portait aussi *Britanniæ*, car ce mot est dans l'extrait de D. Morice (*Preuves de l'Hist. de Bret.*, I, 228) et dans le ms. lat. 9746 de la Bibliothèque Nationale, qui semblent l'un et l'autre copiés sur le manuscrit original.

(2) *Cartul. Landev.*, ms., f<sup>o</sup> 133, édit. p. 133, l. 4-5.

ou *Cornobii* de l'île de Bretagne (1). L'identité des deux noms ne permet pas de douter que les émigrants bretons qui colonisèrent, aux V° et VI° siècles, le sud-ouest de la péninsule armoricaine ne fussent en grande majorité sortis du pays des *Cornobii* ou *Cornavii* insulaires.

Gradlon, regardé par Wrdisten et par les plus anciennes traditions comme le premier chef breton de la Cornubie armoricaine, et qui était dans l'éclat de sa puissance lors de sa visite à Uinualoë en 495, Gradlon dut être nécessairement le chef d'une grosse émigration de *Cornavii* insulaires, débarquée quelques années auparavant à la pointe sud-ouest de l'Armorique. Cette émigration était-elle la première venant de la Grande-Bretagne dans ces parages? C'est peu probable.

Il y avait dans l'île de Bretagne, non au pays des *Cornabii*, mais un peu au nord du fameux mur de Sévère, vers l'extrémité est, une ville dite dans l'Itinéraire d'Antonin *Corisopitum* ou *Coriosopitum* (2). Ce nom si original, si caractérisé, nous le retrouvons, dans des documents postérieurs aux émigrations bretonnes, appliqué à la ville bretonne bâtie au confluent de l'Odet et du Steir, dite aujourd'hui Quimper. La conclusion naturelle — on peut dire en bonne logique, nécessaire, — c'est que ce nom de *Corisopitum* fut apporté de l'île sur ce point du continent par l'émigration bretonne : d'autant qu'il y avait en ce lieu dès l'époque gallo-romaine, à un kilomètre à peine au-dessous du confluent, une ville préexistante et portant un tout autre nom, *civitas Aquilonia* (3).

(1) Ces *Cornabii* ou *Cornavii* (dans Ptolémée Κορναύιοι, ce qui est littéralement le *Kornau* ou *Kernaw* breton), habitaient sur la frontière du pays de Galles actuel, entre les rivières d'Avon et de Saverne, dans un territoire répondant à celui des comtés anglais de Worcester, Warwick, Stafford, Chester et Shropshire. Ptolémée (*Geograph.*, II, 3) leur donne pour villes *Deuna* (Chester) et *Urioonium* ou *Viroconium* (Wroxeter).

(2) Sur le *Corisopitum* de l'île de Bretagne, voir notre *Annuaire historique de Bretagne*, 1861, pp. 166-167 et 174-176.

(3) La ville antique d'*Aquilonia* était sur l'emplacement du faubourg de Locmaria de Quimper. un quart de lieue au-dessous de la jonction de l'Odet et du Steir; on y trouve encore souvent des ruines de constructions de l'époque romaine.

Il y a lieu de croire que les Corisopites insulaires avaient déjà apporté leur nom et s'étaient déjà groupés au confluent de l'Odet et du Steir, avant que Gradlon, avec la forte émigration cornavienne dont il était le chef, abordât en Armorique (1).

Sur d'autres points du territoire, d'autres bandes émigrées avaient sans doute formé çà et là des *plous*, isolés les uns des autres, plus ou moins considérables, et dont les chefs conservaient encore leur autonomie. L'émigration cornavienne de Gradlon, bien plus nombreuse que ces premières bandes, occupa un territoire étendu qui engloba ces *plous* isolés et se les annexa, non par la violence, mais par voie d'accession volontaire, en sorte que Gradlon fut reconnu pour chef — comte ou roi, peu importe le nom — par tous les émigrés établis avant la fin du V° siècle dans l'angle sud-ouest de la péninsule armoricaine (2).

Impossible de déterminer exactement, avec certitude, l'étendue du royaume de Gradlon. Il possédait certainement *Corisopitum*, là devait même être sa résidence habituelle, puisque toutes les traditions les plus anciennes lui attribuent la création en ce lieu de l'évêché de Cornouaille (3). Sa domination s'étendait beaucoup au nord, puisqu'elle comprenait Landevenec et le pays environnant; on peut croire qu'il commandait à peu près sur toutes les côtes de la Cornouaille; quant à l'intérieur, il est douteux qu'il ait possédé l'antique capitale des Osismes, alors bien déchue, la ci-devant cité de *Vorganium*, devenue *Chris*, selon le géographe de Ravenne, c'est-à-dire *Chrès* ou *Carhès*. Toutefois,

---

(1) Le motif de croire à cette antériorité, c'est que la ville bâtie à ce confluent étant devenue la capitale de la *Cornubia* de Gradlon, ce prince lui aurait certainement donné un nom tiré du pays des *Cornavii* insulaires si elle n'en avait pas déjà eu un autre (*Corisopitum*), apporté là par le premier groupe d'émigrés bretons qui s'y était établi.

(2) C'est là ce que Wrdisten exprime en disant qu'il avait étendu les limites de son État de façon à en faire un grand royaume : « *Magnum* (ou *Amplum*) cui *suberat protracto* (ou *producto*) limite regnum (*Cartul. Landev.*, édit. p. 78, vers 4, et p. 113 v. 25).

(3) Wrdisten place explicitement la résidence de Gradlon dans une ville, quand il dit de lui dans l'abrégé en vers : « *Mœnia* qui sceptri regnabat *condita* sceptri » (*Cartul. Landev.*, ms. f. 122, édit. p. 113). Or, où trouver en Cornouaille, à cette époque, une autre ville que *Corisopitum* qui pût être la capitale de Gradlon ?

puisque Wrdisten salue Gradlon du titre de *rex Cornubiæ*, de *moderator Cornubiorum*, et le met à la tête d'un ample royaume (*amplum regnum*), il faut que, dans son opinion et d'après les documents qu'il suivait, Gradlon ait exercé son autorité sur la plus grande partie de la Cornouaille.

Dans la partie du sermon de Uinualoë à Gradlon que nous n'avons pas traduite, le saint, entre autres choses, dit au prince :

« Tu brilles dans tes vêtements de soie et de pourpre, ornés de pierres précieuses. Tu remplis tes entrailles de festins magnifiques ; ton corps, destiné à nourrir les vers de terre, se délecte aux excès les plus coupables de la bonne chère. Les flûtes, les cithares, les tambours, les lyres murmurantes sous l'archet, remplissent de leurs accords ton palais (1). »

Ce luxe sardanapalesque, attribué au chef de pauvres bandes émigrées, a tout l'air d'une hyperbole poétique, destinée à renforcer l'antithèse entre le faste du roi et l'austérité du cénobite. De là sont venues ces légendes, ces chants populaires, qui peignent la cour de Gradlon comme perdue de luxe et de débauche, non par la faute de ce prince dont le nom est toujours très respecté, mais sous l'influence de sa fille Dahut — entièrement inconnue à l'histoire : récits qui, en se combinant avec la très banale tradition des villes englouties au fond des eaux, ont produit la fameuse légende de la ville d'Is, moins vieille peut-être qu'on ne le dit et qui n'a, à mon sens, rien d'historique. De là aussi la réputation musicale du roi Gradlon, qui finit par donner lieu à la curieuse cérémonie de la Sainte-Cécile, où l'on présentait une coupe pleine de vin aux lèvres du vieux roi, planté sur son

---

(1) In sericis ostrisque tuis gemmisque nitescis,
Magnificisque tuis replentur viscera cœnis ;
Vermibus apta tumet tetris caro læta saginis,
Et tibiæ cytharæque, lyræ cum murmure plectra,
Tympana per vestras plaudunt stridoribus ædes.

(*Cartul. Landev.*, édit. p. 79, ms. lat. 5610 A, f. 54 v°).

cheval de pierre entre les deux tours de la cathédrale de Quimper (1).

Des hyperboles de Wrdisten sur le luxe de Gradlon ce qu'il faut retenir, c'est la haute idée que les traditions anciennes et les documents écrits subsistant au IX<sup>e</sup> siècle, avaient gardée de la puissance de ce prince. Cette puissance s'était d'ailleurs affirmée par des faits plus saisissables pour l'histoire. Car je ne vois aucune raison de révoquer en doute l'expédition qu'on lui attribue contre les pirates de la Loire, en se bornant bien entendu au récit de Wrdisten (2) et laissant de côté les fables étranges brodées sur ce thème, au XI<sup>e</sup> siècle, dans certaines pièces de la seconde partie du Cartulaire dont nous parlerons ailleurs, mais qu'en ce moment nous écartons tout à fait.

Que vers la fin du V<sup>e</sup> siècle, aux temps de Childéric et de Clovis, la Loire ait été infestée de pirates barbares et païens, nommément de pirates saxons, cantonnés probablement dans les îles du fleuve entre Nantes et Angers, et qui plus d'une fois assaillirent et pillèrent ces deux villes, — le fait est certain par le témoignage de Grégoire de Tours (3). Voilà donc les ennemis que Gradlon eut à combattre. Mais est-il vraisemblable, dira-t-on, que le chef d'une bande d'émigrés s'élance tout à coup du sol où il a trouvé asile, et du fond de la péninsule Armorique saute d'un bond jusqu'à la Loire, pour le plaisir de se colleter avec de misérables écumeurs de mer?

Si l'événement était ainsi présenté, il y aurait beaucoup à dire. Mais il n'en est rien, et quoique Wrdisten n'ait pas indiqué le motif de cette expédition, il n'est point malaisé de le découvrir. Pendant toute la durée du V<sup>e</sup> siècle, les pirates saxons n'ont

---

(1) Voir M. de la Villemarqué, notes sur le chant de la *Submersion d'Is*, dans le *Barzaz Breiz*, 3<sup>e</sup> édit. (1845), t. I, p. 73.
(2) Voir *Cartul. Landev.*, édit. p. 78, et ci-dessus p. 352.
(3) Voir Grégoire de Tours, *Hist. Francor.*, II, 18, *De gloria martyrum*, I, 60 ; et les commentaires de Dubos sur ces deux passages dans son *Hist. de l'établiss. de la Monarchie française*. Dans le *De gloria martyrum* il est question de l'expédition de Chillon, l'un des chefs de ces barbares, contre Nantes, de 490 à 496.

cessé de ravager les côtes de la Gaule; et quoique depuis l'an 450 une partie de ce courant dévastateur fût absorbée par la Grande-Bretagne devenue la proie de ces barbares, il en restait encore bien assez pour courir les mers et insulter les rivages du continent, en particulier ceux de l'Armorique. Plus d'une fois les émigrés bretons réfugiés en ce pays pour échapper au fer des Saxons, se virent dans cet asile même harcelés par les compatriotes des envahisseurs de la Grande-Bretagne. Des traditions, des documents fort anciens, dont plusieurs concernent la Cornouaille, en font foi.

C'est évidemment une de ces attaques qui donna lieu à l'expédition de Gradlon. Ce prince ne se borna point à repousser victorieusement ces hideux pirates; il se jeta avec les siens dans des barques et poursuivit sur leur élément ces hordes maudites. Celles-ci se dirigèrent vers la Loire, pensant y trouver du secours auprès de leurs compatriotes embusqués, ainsi que nous l'avons dit, dans les îles de ce fleuve. Mais Gradlon dut les atteindre dès l'embouchure de la Loire, les mit en déroute, captura cinq de leurs bâtiments et leur tua cinq chefs. Beau succès, sans doute, mais qui n'a rien de merveilleux ni d'invraisemblable, très propre à consolider définitivement la création du comté de Cornouaille, l'autorité de Gradlon, et qui dut après sa mort grandement contribuer à illuminer son nom d'une gloire radieuse, attestée par Wrdisten quand il le proclame « le phare splendide qui éclaire toute la Cornouaille. »

Au demeurant, en nous bornant aux données fournies sur Gradlon par Wrdisten — non le seul, mais le plus solide fondement de son histoire, — ce prince doit être considéré comme le chef d'une nombreuse émigration venue, au plus tard vers 490, de l'île de Bretagne dans l'angle sud-ouest de la péninsule armoricaine. Chef de la colonie fondée par ces émigrants, il groupa sous son autorité tous les petits établissements bretons (ou *plous*) formés sur ce territoire par les bandes d'émigrés, assez peu nombreuses, qui y avaient abordé antérieurement. Il créa ainsi un petit État, auquel tout naturellement il donna le nom de la tribu bretonne à laquelle lui et ses compagnons d'exil appartenaient : il l'appela *Kernau* ou *Cornau*, en latin *Cornubia*, nom qui reproduit textuellement celui de la grande tribu bretonne insulaire des *Cornavii, Cornabii* ou *Cornobii*.

Son petit État fondé, il sut le défendre bravement contre les attaques des pirates saxons, auxquels il infligea une défaite désastreuse.

Par les conseils et sous l'influence de Uinualoë, il exerça son pouvoir avec modération, avec justice et avec bonheur jusqu'à sa mort.

Enfin il laissa un nom dont la gloire, en pleine floraison au IXe siècle, a traversé sans pâlir tout le moyen âge, et qui, réduite par la critique à de justes proportions, reste encore — après quartorze siècles — fort appréciable (1).

(1) Nous n'écrivons point ici une monographie de Gradlon, mais seulement un commentaire des chapitres de Wrdisten qui le concernent. Nous laissons donc, sans même y toucher, beaucoup de questions curieuses relatives à ce prince, par exemple, vers quelle époque il mourut, s'il eut des rapports avec les Franks, ses relations avec S. Corentin, S. Ronan, etc.

www.ingramcontent.com/pod-product-compliance
Lightning Source LLC
LaVergne TN
LVHW022113080426
835511LV00007B/793